ESSAI

de

MONOGRAPHIE

PAROISSIALE

Le Culte de Saint Érasme à Sercus

1894-1902

LILLE

IMPRIMERIE DE L'ORPHELINAT DE DON BOSCO

1902

ESSAI

DE

MONOGRAPHIE PAROISSIALE

DE

SERCUS

ERRATA

PAGE 95, *au lieu des totaux.* . 10.627,40 | 11.162,97

lisez . . 11.162,97 | 10.627,40

PAGE 144, *après la famille* C. WYART, *ajoutez les suivantes :*

Famille A. WYLLAIN

AUGUSTIN WYLLAIN
MARIE HUBERT

MATHILDE
LOUISE
MARIA
JULIA

JULIENNE
LOUIS

Famille J. EVERAERE

JUSTIN EVERAERE
MARIE CAPPELLE

ELIE

Albert DEWAELE

Extérieur de l'Église de Sercus

ESSAI

de

MONOGRAPHIE

PAROISSIALE

———

Le Culte de Saint Érasme à Sercus

1894-1902

——

LILLE

IMPRIMERIE DE L'ORPHELINAT DE DON BOSCO

—

1902

À Sa Grandeur Monseigneur Sonnois

Archevêque de Cambrai

MONSEIGNEUR,

Gracieusement autorisé par M. le Vicaire Général Lobbedey à publier quelques notes locales, je prends la respectueuse et confiante liberté de vous les offrir au jour de la fête de notre patron, saint Érasme.

L'Essai de Monographie 1894-1902 (Livre d'or de Sercus) à défaut d'autre mérite aura du moins celui de répondre à un désir exprimé par Votre Grandeur, et celui d'énumérer les œuvres paroissiales nées et développées sous l'inspiration de votre zèle épiscopal.

Veuillez l'agréer, Monseigneur, malgré ses défectuosités, comme une faible expression de mon attachement au diocèse de Cambrai et à la paroisse de Sercus, et comme le très humble hommage de ma vénération filiale.

E. DESCAMPS.

Sercus, le 2 Juin 1902.

LISTE

des

PRINCIPAUX SOUSCRIPTEURS

en faveur du LIVRE D'OR de Sercus

Famille DU TOICT de HÈLE . **Moitié de l'édition**	
M. l'Abbé DESCAMPS, curé de Sercus.	25 00
M. COURTOIS-VERMELLE, maire de Sercus	25 00
M. SOCKEEL Charles. adjoint, président des marguillers	20 00
M. STERCKEMAN,	20 00
M. VANLERBERGHE D.	20 00
M. QUERLEU Charles,	10 00
M. BULTEL Émile.	10 00
M. BULTEL Henri	10 00
M. BÉCUE Henri	10 00
M. DECOUVELAERE Alfred . . .	10 00
Mme. Ve DERAM-VERQUÈRE . . .	10 00
Mlle MACKER Léonie.	10 00

Membres du Conseil de Fabrique.

M. KIEKEN, curé de Craywick . . .   25 00

M. BÉCUE Jules 5 00

M. WYART Charles. 5 00

M. DEMAN Fortuné. 5 00

M. DENAES Amand 5 00

Mlle PRÉVOST Joséphine 5 00

M. BAUWEL Gustave 5 00

M. GAYMAY Joseph. 5 00

M. HUYSSEN Adolphe 5 00

M. MORDACQ Jules. 5 00

Mme Ve PARÉNADA-VITSE. 5 00

M. WILS Gustave 5 00

M. VERSTRAET-CHEVALIER . . .   5 00

M. ROY Jules 5 00

Mme Ve MORDACQ-DESMEDT. . . .   5 00

MM. BÉCUE (enfants) 5 00

M. HUYGHE Louis 5 00

M. VERMEULEN Auguste de Staple .   5 00

M. ROSE François 5 00

M. VANLERBERGHE Justin 5 00

Aux Généreux Bienfaiteurs
de
Notre Eglise

Aux Pieux Paroissiens
de Sercus

Aux Dévots Pélerins
de
Saint-Erasme

LISTE

des

PRINCIPAUX BIENFAITEURS

de l'Église de Sercus, de 1894 à 1902

M. PAUL DU TOICT DE HÈLE.

Mᵐᵉ PAUL DU TOICT DE HÈLE.

Mˡˡᵉ FERNANDE DU TOICT.

M. CHARLES DE HÈLE.

M. CORNETTE, curé.

La Famille JUSTICE-LYOEN.

La Famille VERMELLE.

M. HENRI JUSTICE, ancien maire.

M. JUSTIN COURTOIS, maire.

M. CHARLES SOCKEEL, adjoint.

Mˡˡᵉ BERTHE JUSTICE.

M. DAVID,   en mémoire

M. HENRY DEBERDT, de Mˡˡᵉ VAN KEMPE.

La Famille VANLERBERGHE-SOCKEEL.

La Famille COSTENOBLE-OMAERE.

M. Louis CORNETTE.

La Famille MORDACQ-VERSTAVEL.

La Famille QUERLEU-FUMERY.

M. le Chanoine STAELEN, archiprêtre de Bergues.

M. P'ARENADA-VITSE.

M. ÉNÉE JACQUAT.

M. Louis STERCKEMAN.

M. DEGROOTE, conseiller général, maire d'Hazebrouck.

M. l'Abbé KIEKEN, ancien vicaire de Sercus, curé à Craywick.

M. l'Abbé ALPHONSE CAPPELAERE, ancien vicaire de Sercus, vicaire à Roubaix.

M. l'Abbé DESCAMPS, curé.

Sercus, 26 janvier 1902

A Monsieur le Chanoine Lobbedey,

Vicaire Général de Cambrai

MONSIEUR LE VICAIRE GÉNÉRAL,

L'hommage de cet opuscule consacré à répandre le culte de saint Erasme et à développer l'esprit paroissial à Sercus, vous était dû. En paraissant sous vos auspices, notre petit livre attirera les bénédictions de Dieu sur ce qu'il renferme. Recommandé à nos paroissiens et aux pèlerins par un nom si cher à notre vénérable archevêque, il publiera notre reconnaissance envers nos bienfaiteurs et nous vaudra peut-être de nouvelles largesses. Il rappellera aussi de puissants souvenirs et de nobles exemples.

C'est dans cet espoir, Monsieur le Vicaire Général, que j'ose vous prier de nous autoriser à imprimer ces humbles pages et que je vous présente l'hommage de ma vive reconnaissance et de mon profond respect.

E. DESCAMPS,
Curé.

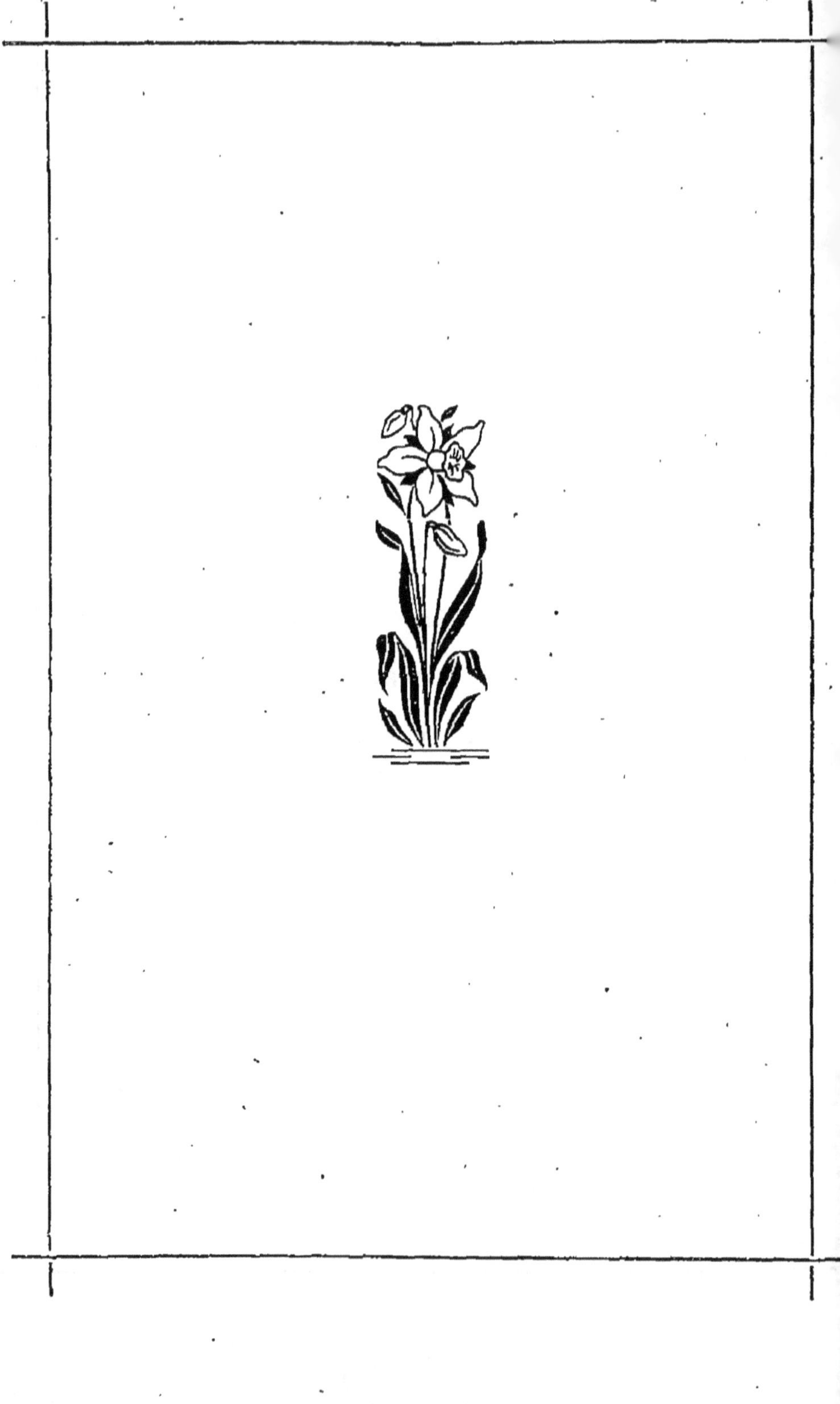

POURQUOI

PUBLIONS-NOUS CES LIGNES?

1° Pour former un bouquet en l'honneur de saint Érasme, patron de Sercus. Dans ce bouquet, nous réunissons tout ce qui concerne le culte de notre saint chez nous, c'est-à-dire tout ce qui concerne la paroisse qui lui est dédiée.

2° Pour offrir ce modeste bouquet à tous nos paroissiens et à tous ceux qui ont contribué à embellir le sanctuaire de notre patron et leur témoigner une nouvelle reconnaissance.

3° Pour établir publiquement la situation d'une pauvre église dont la charité doit fournir les ressources et provoquer, s'il plaît à Dieu, de nouvelles et intarissables largesses.

4° Pour répandre la dévotion de notre illustre patron et attirer sur nous ses plus abondantes faveurs.

5° Pour accroître à Sercus l'esprit paroissial par les souvenirs les plus précieux et par des renseignements pratiques sur les détails de l'administration paroissiale.

6° Pour essayer de répondre au désir de Monseigneur l'Archevêque qui recommande les études monographiques paroissiales et qui souhaite de voir se répandre le culte des saints patrons de paroisse.

Sercus, 15 janvier 1902

Fête de saint Paul, ermite

QUE CONTIENT CET OPUSCULE ?

Il contient tout ce qui est cher et utile aux paroissiens de Sercus.

C'est leur LIVRE D'OR.

Ils y trouveront un résumé de la vie de saint Érasme, leur glorieux patron. Ce résumé, traduit du flamand dans la *Legende der heiligen* par Ribadeneira, les attachera à étudier davantage cette belle vie et à l'imiter.

Dans un autre chapitre, ils verront l'histoire de leur paroisse, ses noms divers à travers les siècles, les noms de leurs anciens curés et de leurs anciens vicaires. Une page choisie leur dira ce qu'est un curé et ce qu'est un pasteur.

Nous avons recueilli le nom de toutes les familles de Sercus, par lettre alphabétique, et le nom de tous leurs enfants, même de ceux qui ont quitté le village ou la maison paternelle. On trouvera dans cette énumération de belles familles patriarcales de dix, douze et quatorze enfants. Ce sont les plus belles pages de ce livre.

Il fallait signaler les belles confréries du

Saint-Sacrement, du Saint-Rosaire et de Saint-Érasme. Les membres de ces confréries, en lisant leurs statuts et leurs noms, se souviendront de leur affiliation et ne voudront pas oublier les devoirs qu'elle leur impose.

La description de l'église, de sa tour, de ses meubles, de ses autels, de ses vitraux, etc., sera lue avec avidité.

La sacristie, l'histoire de sa construction, l'énumération des ornements sacerdotaux, de son mobilier et de tout son inventaire font l'objet d'un chapitre spécial.

Les paroissiens sont trop fiers de leur presbytère pour que nous ne lui donnions pas une place à part, en faisant connaître tous les détails de la construction, le devis, les dépenses et les formalités.

Pouvions-nous oublier de faire une large place à la grande fête de Sercus du 7 mai 1900 ? On a dit avec justesse de ce jour : *Aujourd'hui, c'est la moisson de Sercus.* La mémoire de ce jour doit être longtemps conservée. Les paroisses voisines n'étaient-elles pas pieusement jalouses ?

Honneur à Sercus qui sait si bien recevoir on archevêque !

LÉON XIII, pape

Nous consacrons un chapitre aux pratiques de dévotion envers saint Erasme. Nous y chantons les prédicateurs de notre neuvaine. Nous y reproduisons les litanies, la prière et les cantiques en l'honneur de notre illustre patron.

Dans les pages suivantes on trouvera l'énumération des archives paroissiales. Plus tard peut-être, un paroissien exercé dans les sciences archéologiques tirera un meilleur fruit de ces documents que nous aurons eu le mérite de classer en les mettant à l'abri des profanes.

Après cette liste, nous avons cru bien faire en reproduisant certains documents :

Celui qui concerne l'ancienneté de la dévotion à saint Erasme ;

Le testament de M. Petit, ancien curé, modèle de piété et de prévoyance ;

Une pièce sur la dévotion du rosaire, etc..

Le chapitre le plus pratique et le plus utile sera celui qui renferme :

Le tableau des fondations de l'église de Sercus ;

Le tarif des services religieux ;

Le règlement de sonnerie pour les enterrements ;

Les heures des messes aux diverses saisons de l'année ;

Le tarif des chaises approuvé par MM. les marguillers ;

Le tableau des services religieux en 1900 ;

Le tableau des services religieux en 1901 ;

Le tableau général des dépenses (hors budget) dans la période de 1894 à 1902.

L'illustre Guido Gezelle, le grand poète flamand du XIX⁰ siècle était venu à Sercus en 1898. Cet homme qui parlait ou écrivait couramment au moins quinze langues mortes ou vivantes a rélaté dans une petite notice, son voyage chez nous. On lira avec plaisir ce récit assez humoristique, que nous abrégeons à dessein.

Nous offrons notre travail à nos chers paroissiens avec une pleine confiance. Depus huit ans nous avons appris à connaître leur attachement aux choses saintes et leur mépris des bagatelles de la forme. S'il manque de la mise en scène dans ce compte rendu paroissial, ils connaissent assez notre dévouement à leurs intérêts pour en faire grâce. Ils accepteront avec plaisir ce nouveau moyen de sanctification que leur pasteur leur présente de tout cœur avec l'autorité bienveillante de l'autorité diocésaine.

HISTORIQUE

de la

PAROISSE

de

SERCUS

HIÉRARCHIE

DE

L'ÉGLISE CATHOLIQUE

LÉON XIII, Pape, Souverain Pontife de l'Église
catholique universelle, né le 2 mars 1810.

Sa Grandeur Monseigneur ÉTIENNE-MARIE-AL-
PHONSE SONNOIS, né le 10 décembre 1828,
préconisé archevêque de Cambrai, le 19 janvier 1893.

M. le Chanoine ÉMILE-LOUIS-CORNEILLE LOB-
BEDEY, archidiacre de Dunkerque, né à
Bergues, en 1856.

M. le Chanoine LÉON-EDOUARD COUBRONNE,
archiprêtre de Bailleul, né à Staple, en 1834.

M. le Chanoine CASIMIR-FIDÈLE SALOMÉ, doyen,
curé d'Hazebrouck, né à Zuytpeene en 1819.

M. l'Abbé ÉMILE DESCAMPS, curé de Sercus,
né à Wormhoudt en 1855, nommé curé à
Sercus en 1894.

HISTORIQUE

DE LA

PAROISSE DE SERCUS

—

S'IL est vrai de dire : heureux les peuples qui n'ont pas d'histoire, Sercus doit être un des pays les plus heureux du monde, car rien n'est moins connu que son histoire.

Tout ce que nous en savons, c'est que Sercus est une paroisse de fraîche date. Il n'en est fait mention qu'en 1240. Elle a appartenu successivement aux évêchés de Saint-Omer et d'Ypres.

Avant 1790, elle faisait partie du doyenné

de Morbecque : et pendant de longues années, elle a possédé le doyen du district en la personne de son curé, Mtre Jacques Cuvelier qui signait : *Cuvelier, doyen de la chrétienté et curé de Sercus.*

Les premiers missionnaires de la foi catholique dans ce pays furent : saint Fuscien, saint Victoric, saint Vaast, saint Médard, saint Amand, saint Antimond, saint Wulmar, saint Omer et saint Momelin. Il ne reste ici d'autres traces de leur passage que les sentiments religieux transmis de génération en génération et conservés par le zèle des pasteurs.

ÉTYMOLOGIE DU MOT « SERCUS »

Sercus vient de deux mots flamands : *zerk*, tombe, *huys*, maison. A-t-on trouvé primitivement quelque tombe célèbre en cet endroit ? Personne ne peut le préciser.

Zerkel littéralement signifie : petite tombe.
Voici les formes diverses du nom dé la localité dans les siècles passés :

Zercle. — Dans un compte paroissial de 1607.

Sercus. — Dans une requête et une concession de l'évêque de Saint-Omer pour la confrérie du Rosaire en 1686.

Cerkel ou Cercude. — Dans un mémoire sur une difficulté de partage du terrain presbytéral entre le curé et le vicaire en 1770.

Cercude ou Zercle. — Dans un tableau presque illisible des fondations de l'église 1718.

Sekel. — Dans une lettre de Cassel 1791.

Zerkele. — Dans Sanderus.

Sarcus. — Dans un acte de vente.

Sekele. — Dans quelques cartes géographiques.

SUPERFICIE DE LA PAROISSE

495 hectares 16 ares 20 centiares.

POPULATION

En 1469 la population était de 576 âmes
Depuis lors elle n'a fait que décroître.
Aujourd'hui elle compte à peine 500 habitants.

LISTE DES CURÉS ET DES VICAIRES
de Sercus.

**Notes que nous avons pu nous procurer
sur chacun d'eux**

*Dabo vobis pastores juxta
cor meum et pascant vos in
scientiâ et doctrinâ.*
Jérémie 3. 15.

THÉODORIC **VANDERMERSCH**, en 1549,
fut le premier curé. De 1549 à 1647,
la suite des pasteurs n'est pas consi-

gnée dans les archives paroissiales.
Nous n'avons pas pu nous procurer
leurs noms.

CHARLES OBRIL, 1647-1650.

J. B. COUMAERE, 1650-1662.

VERHAEGHE, 1662-1686.

ANTOINE PETIT, 1686-1727.

JACQUES CUVELIER. — Doyen du district
de Morbecque, 1727-1775.

P. CAILLAU, 1776-1781.

P. OUDOIRE 1781-1817. Originaire de
Sercus, le curé Oudoire fut déporté,
mais il rentra dans sa cure.

J. B. MERCHIER, religieux brigittin, fut
élu curé constitutionnel de Sercus, le
25 octobre 1792, et mourut curé canonique de Steene en 1810.

J. COUDEVILLE, 1817-1820.

C. VENANT, né à Crochte, curé de Sercus, 1820-1829, nommé curé à Cap-
pellebrouck en novembre 1829, ensuite
à Eringhem où il est mort.

L. VANDEWALE, né a Staple, curé d'Ecke,

nommé à Sercus en 1829, il y exerça le ministère jusqu'en 1835. Il est mort à Sercus en 1845.

L. COUSIN, nommé curé de Sercus en Juin 1835, curé à Bollezeele en août 1837, avait été vicaire à Rexpoede, à Bailleul Saint-Vaast, à Dunkerque Saint-Eloi.

B. ATTUYT, né à Zuytpeene, successivement vicaire à Halluin, à Steenvoorde, à Météren, à Merville et à Tourcoing, nommé curé à Sercus en septembre, 1837, y est mort le 3 mai 1860.

C. CORNETTE, né à Wemaers-Cappel, vicaire de Blaringhem de 1838 à 1860, curé de Sercus de 1860 au 4 mars 1894.

E. DESCAMPS, né à Wormhoudt, vicaire à Bailleul Saint-Vaast 1881, vicaire à Dunkerque Saint-Eloi 1886, curé à Saint-Momelin, 1891, curé à Sercus en 1894.

LISTE CHRONOLOGIQUE
des Vicaires de Sercus

Anthyme COUBRONNE, 1721.
J. J. SOCKEEL, 1730.
G. V. ROGEAUD, 1735-1749.
Xavier THIRACHE, 1749-1761.
M. A. CAENENS, 1761-1764.
J. X. DESWARTE, 1764-1768.
M. M. DEGRENDEL, 1768-1777.
P. J. M. DEGRENDEL,
H. WALEMONT,   desserviteurs 1774
P. J. OUDAR, 1774-1785.
BOLLAERT, 1785.
KIEKEN, 1888-1889, auteur de livres clas-
    siques anglais.
A. CAPPELAERE, 1889-1893.
DESCHUYTTER, 1893-1894.

Les noms des anciens pasteurs ne disent
pas leurs travaux, ni leurs sueurs. Nos
paroissiens aimeront à lire les deux pages

suivantes qui résument d'une manière générale la vie de leurs anciens prêtres. Ils y
puiseront une connaissance plus intime du
rôle que joue le pasteur près de leurs âmes,
et de la vie du curé au milieu d'eux. La
première page est écrite par l'illustre saint
Grégoire de Nazianze. ,la seconde par le
Vicomte Walsch.

ROLE DU PASTEUR

Puisse ma voix être entendue, non pas
des pasteurs seulement, mais du troupeau
tout entier, afin que, bien pénétrés de la
redoutable responsabilité qui pèse sur nos
têtes, il en allège le poids par la docilité
de sa foi, par sa soumission envers ceux
qui le dirigent. C'est l'Apôtre qui vous le
demande pour nous : Obéissez à ceux qui
vous conduisent, et soyez leur soumis, car
ils veillent pour la garde de vos âmes,

comme en devant rendre compte à Dieu. Ils veillent, dit-il, et dans ce seul mot, il embrasse et les travaux, et les sollicitudes, et les périls sans nombre à quoi se dévoue le saint ministère. Le bon pasteur, tel que le veut Jésus-Christ, est un martyr véritable. Encore le confesseur sur les échafauds, ne meurt-il qu'une fois ; l'autre meurt à tous les moments. Pouvez-vous donc, mes frères, connaître tout ce que vous nous coûtez de veilles et de sueurs ; pouvez-vous ne pas nous seconder par vos prières, par votre assiduité, par votre ferveur, par votre charité, afin que nous soyons réciproquement, nous votre gloire, et vous la nôtre ? Par là, vous témoignerez à Jésus-Christ, l'amour que vous avez pour Lui. Le Sauveur des hommes recommandant au premier de ses apôtres le soin de ses brebis, bien qu'il connût d'ailleurs ses tendres sentiments pour son Maître lui demandait : Pierre, m'aimez-vous ? pour nous apprendre que le premier caractère de l'amour qu'on lui porte à lui-même, c'est d'aimer son troupeau. Il ne faut rien moins pour de telles fonctions, que tout l'héroïsme du courage. Ce que je dis ici, ne s'applique ni à moi-même, ni à ceux qui me ressemblent, mais aux vrais-pasteurs, à des pasteurs tels qu'un saint Paul, un saint Pierre, un. Moïse. Voilà nos modèles, à nous, qui que nous soyons, pasteurs ou brebis, et il n'est personne d'entre vous, mes frères, qui n'ait à son tour le ministère de pasteur à remplir à l'égard de ses frères, de ses amis, de ses domestiques dans l'intérieur de sa famille.

Saint Grégoire de Nazianze

M. le Chanoine COUBRONNE

ARCHIPRÊTRE

LE CURÉ DE CAMPAGNE

Le curé, c'est l'ami naturel, le confident, l'appui, le père de tous les habitants. Par vocation il doit être tout cela, il doit être tout à ses paroissiens, songeant à leurs intérêts, à leurs joies, à leurs tristesses; s'intéressant aux besoins de leur corps comme à ceux plus relevés encore de leur âme. Lorsqu'il y a des malades, c'est le curé qui va les voir, qui les assiste, qui les console. Si la grêle fait des ravages, si la moisson n'a pas été abondante, lui, qui est dénué des richesses de ce monde, va trouver les heureux, et demander à ceux qui ont quelque chose pour ceux qui n'ont pas. Qui que vous soyez, rappelez-vous que, lorsque vous êtes né, c'est le curé qui vous a reçu petit enfant dans l'église, et vous a fait membre de la société chrétienne; plus tard, à la première communion, c'est lui qui vous a instruit de vos devoirs envers Dieu, envers les autres, envers vous-mêmes ; c'est lui qui vous a appris à connaître votre dignité d'homme, de chrétien, et qui vous a enseigné la doctrine évangélique, la plus sûre sauvegarde de l'honneur et de la morale. Lorsque vous vous mariez, c'est lui qui enseigne à votre femme le respect, l'obéissance qu'elle vous doit, comme il vous enseigne à vous-même la fidélité, l'amour envers elle, pour rendre votre ménage heureux. Enfin, si vous êtes malade, si vous devez mourir, le curé sera encore à vos côtés, et lors même que tous vous délaisseraient, il ne vous abandonnera pas.

Quelle sublime mission ! Quelle grandeur dans ces hommes modestes ! A force d'y être habitué, on n'y pense plus, on trouve tout simple qu'il y ait dans chaque village un homme ayant cette divine fonction d'être le père et le docteur de tous, et spécialement de ceux qui souffrent. Et cependant, c'est la plus salutaire de toutes les institutions : qu'elle disparaisse un instant, et il se fait un vide immense.

Aimez donc votre bon curé, aimez-le, comme un bon fils chérit son père ; au lieu d'entraver le bien qu'il veut faire, soyez-en le ferme appui ; écoutez ses conseils, et engagez ceux qui méprisent ses leçons à les mettre en pratique par voie d'essai, ne fût-ce que quelques instants, afin de mieux en juger.

Pères de famille, enseignez à vos enfants à le respecter et Dieu vous bénira.

Vicomte WALSCH.

LA TOUR

et

L'ÉGLISE

de

SERCUS

LA TOUR

—

« O Zerkel, Nooit en zagik schoonder torre staan,
« Als uwentorre daar, den witten, spitsen, hoogen,
« Dien mij van varre en naar, de brave lieden toogen.
« En zeggen : « Gaat daarheen en sprekt den herder haan
« Een vriend zal hij uziju, von herten en van oogen.
                                        Guido GEZELLE.

LA tour de Sercus a 32 mètres de haut, de la base jusqu'à la croix. Sa flèche penche sensiblement vers l'ouest. L'ensemble est de forme octogonale et l'appareil est en pierre calcaire de Saint-Omer. Dans le haut, l'on découvre quatre fenêtres géminées et en plein cintre dont les arcades sont soutenues par des colonnettes à la base simple et au chapiteau à crochets. Ces caractères architectoniques révèlent le XIe siècle.

Dans l'ensemble, rien de majestueux, rien d'original ! Saluons pourtant avec respect cet antique monument qui depuis huit cents ans a vu passer tant de générations.

Visitons l'intérieur de cette vieille tour... Que peut-elle bien contenir ?... Nous voici au-dessus du sanctuaire Qu'est ce vieux coffre séculaire et poudreux ? que renferme-t-il ?... Quelques vieilles paperasses presque illisibles et des imprimés sans valeur. C'est là que, nous avons découvert, il y a sept ans, les archives dont nous donnons quelques spécimens dans un chapitre spécial. — Montons un peu plus haut. — Après avoir risqué notre vie sur une haute échelle privée de plusieurs échelons nous arrivons à une petite plate-forme à côté de laquelle nous lisons dans le mur la fameuse inscription :

OM GODS WOORT
WORT GROOT DISCORT
ANNO 1533.

Voici la vieille horloge dont les roues irrégulières, couvertes d'une incassable couche de rouille doivent obstinément résister à l'action du plus habile horloger.

LES CLOCHES

Deux cloches !... mesurons-les. La plus grande a une hauteur de 0,82 centimètres et une circonférence de 2 mètres, 68 centimètres. La plus petite a 0,46 centimètres de haut et 1 mètre 62 de circonférence. Son battant pèse 4 kilos.

Copions l'inscription de ces cloches.

La grosse cloche porte l'inscription suivante :

« L'an 1810, je suis nommée Marie-
« Catherine, par le sieur Emmanuel Bate-
« man, propriétaire, mon parrain, et Marie-
« Catherine Maes, ma marraine, fille du
« sieur Louis Maes, maire de la commune

« de Sercus. Pierre-Joseph Oudoire curé.

« Fondue par Garnier, père et fils. »

En bas se trouvent en relief, saint Erasme, la Sainte Vierge portant l'Enfant-Jésus, la croix et les anges.

La petite cloche :

« Je suis nommée Marie-Louise-Josèphe,
« par le sieur Alexandre-Joseph Cousin,
« mon parrain, et par Marie-Catherine-
« Victoire Demey, ma marraine, tous deux
« propriétaires à Sercus.

« Fondue en 1810.»

En relief, saint Erasme portant l'Enfant-Jésus, 3 anges.

Nieuwe misbruiken
Nieuwe Hervormingen.

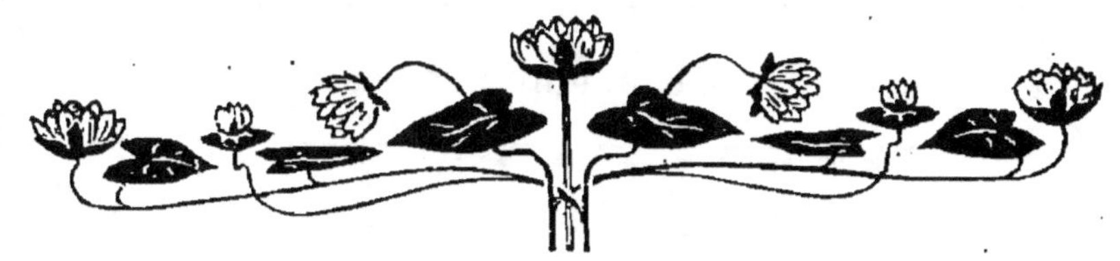

INTÉRIEUR DE L'ÉGLISE

DE DORPSKERK

Er is een grys gebouw, van frisch geboomte omgeven,
Waarby de oneffen grond (1) vol weeldig gras, doorweven
Van schaars gebloemte, bloeit. Vaak delft de trage schup
Daar weer een legerstee, met milder hemeldrup
Bedauwd, en 't weeldrig gras zou dra voor 't oog haar dekken,
Zag men geen houten kruis er de armen over strekken.
Om welke een trouwe hand, by tranen stil gestort,
Een kransje hing, zoo ras als 's levens bloem verdort.
Wanneer de wandelaar het blauwend dorpje nadert,
Ziet hy de toranspits, de daken en 't gebladert
Doorboren. Welk paleis zich voor zyn bede sloot,
Die broederlyke woon ontsluit haar moederschoot.
Ja, balling in 't heelal, hervindt hy hier een stede,
Door jammer neergekromd, smaakt hy hier troost en vrede.

---

1) Het kerkhof.

Hier. kalm omgeven van 't voorouderlyk gebeent;
.En nederbuigend op 't godvruchte vloergesteent
Met wapens niet versierd, maar met het woord des Heeren,
Met bibelspreuken die den knieler sterven leeren,
Werpt hy geen enk'len blik naar 't jammerdal meer om,
Maar voe t Gords aanschyn diepst in 't liefde heiligdom.
Die haven van het dorp is zyn gewyde tempel,
Des aardryks altaar, des hemels eerste drempel.

Prudens Van Duisk. 1804-1859.

L'ÉGLISE DU VILLAGE

(TRADUCTION) —

Jetez les yeux sur cette sombre construction entourée de frais bocage. Là, tout près, fleurit un sol couvert de riche herbage, parsemé de maigres fleurs. Parfois, la bêche paresseuse y vient creuser un lit de repos abondamment arrosé par la pluie du ciel. Une herbe sauvage ne tarderait pas à cacher cette couche à nos yeux, si on ne venait abriter celle-ci sous les bras d'une croix de bois, si une main fidèle n'y venait avec des pleurs, silencieux attacher une couronne destinée à se faner aussi rapidement que la fleur de la vie.

Lorsque le voyageur s'approche du village verdoyant, il voit la pointe de la tour percer les toits et le feuillage. Les palais se fermeraient-ils à sa prière, cette fraternelle demeure lui ouvrirait son sein maternel. Oui, exilé dans l'univers, ici il retrouve un asile. Courbé par les pleurs, ici il goûte consolation et repos. Ici, entouré des paisibles ossements de ses aïeux, penché sur un pavé pieux que nulles armoiries ne décorent, il trouve pour seule richesse la parole du Seigneur et les maximes de l'Écriture. Ici, en s'agenouillant, il apprend à mourir ; il ne jette même plus un regard sur la vallée des larmes, car il sent trop profondément la présence de Dieu dans ce sanctuaire de l'amour.

Cet abri du village est son temple sacré, l'autel du monde entier, le premier seuil des cieux.

DESCRIPTION

de l'ÉGLISE de SERCUS

Continuons notre curieuse inspection de la maison de Dieu.

Nous sommes descendus de la tour, et nous jetons un regard sur les murs de l'église. Ils sont vieux, c'est leur seul mérite. Leur architecture, sans cachet et sans régularité, dénote le XIVe siècle. La maçonnerie est en briques rouges. Les murs sont soutenus par des contreforts. Nous les mesurons et nous trouvons une longueur totale de 25 mètres sur 17 de largeur.

Entrons. Après avoir adoré le Créateur de l'univers, volontairement anéanti dans nos tabernacles, et qui se plaît à demeurer au milieu de nous, levons les yeux. Rien de grandiose, un ensemble de propreté, de mystérieux et de sépulcral qu'on ne peut définir mais qui porte vaguement à la prière. D'où vient cette impression ? Peut-être du mélange

des deux styles : ogival et roman. Les nefs,
les vitraux sont à ogives. Dans le fond, le petit
chœur est roman. Il est sombre, malgré sa
blancheur, et, n'étaient les deux vitraux latéraux il présenterait toutes les apparences d'un
tombeau. Le vitrail de droite est bien trans-
lucide, on l'a commandé en camaïeu pour
économiser la lumière. Ce vitrail est un petit
chef-d'œuvre, il sort des ateliers de M. Du-
rieux d'Aulnoye et l'on ne se lasse pas de le
contempler. Il représente saint Charles Borromée faisant la charité. Il a été offert par M.
Charles de Hèle, et a coûté 400 fr. Avant
de le faire exécuter nous avons pris avis d'un
homme de goût, et nous avions questionné à
ce sujet M. l'abbé Désert, alors curé-doyen
de Norrent-Fontes, aujourd'hui doyen de la
paroisse du Saint-Sépulcre à Saint-Omer.
« En fait de vitraux, disait-il, je n'aime que
le camaïeu.» Tous les connaisseurs qui exa-
minent ce petit vitrail sont du même avis.

A gauche du chœur, nous apercevons un
vitrail colorié représentant Notre-Dame de

Lourdes. Le contraste avec le camaïeu d'en face est loin de déplaire, il fait ressortir le mérite relatif de chacun. Mlle Berthe Justice a été la généreuse donatrice.

M. Latteux-Bazin l'a exécuté pour la somme de 200 fr.

Le chœur a été restauré en 1896 par M. Minart de Saint-Omer. Le grattage a coûté environ 700 fr.

Revenons aux fenêtres. En voilà quelques-unes en verre clair ; elles portent les noms de leurs donateurs : Querleu-Fumery, Mordacq-Verstavel, Parenada-Vitse, Costenoble-Omaeré, abbé Descamps, curé.

Dans le fond de l'église, cinq fenêtres en grisailles ont été livrées par la maison Gaymay de Saint-Omer, et commandées par M. le curé Cornette. Au-dessus des fonts baptismaux nous découvrons encore un nouveau vitrail colorié : c'est le baptême de saint Jean-Baptiste. Il porte le nom du fournisseur : Haussaire

INTERIEUR DE L'EGLISE

Lille. Valeur : 300 fr. La dernière grisaille de gauche menace ruine et a besoin d'être renouvelée.

LES AUTELS

MAITRE-AUTEL

Remontons au haut du sanctuaire. Examinons le maître-autel par où nous aurions, peut-être, dû commencer. Il est simple, modeste, mais digne et gracieux. Il a été composé par M. Patteyn, sculpteur à Hazebrouck, et travaillé dans les ateliers de Coussolre. Une exposition en chêne sculpté le surmonte.

Cet autel a été bénit solennellement le 14 novembre 1897, avec l'autorisation de Monseigneur l'Archevêque de Cambrai, par M. le Chanoine Lansoy, doyen d'Aire-sur-la-Lys, (actuellement archiprêtre de la cathédrale de Saint-Omer). L'autorisation du 7 novembre 1897 est conçue en ces termes :

Omnia fausta Pastori quem Deus diù sospitet et V. Decano-Canonico Lansoy cui gratiarum actio.

Cameraci, 7 Novembris 1897.

Em. LOBBEDEY, v. g.

M. l'Abbé De Lylle, directeur au Petit Séminaire d'Hazebrouck, avait rehaussé l'éclat de la cérémonie en présidant le chant des vêpres. Quelques jours plus tard, il nous communiquait le numéro de l'*Indicateur d'Hazebrouck*, daté du 14 novembre, contenant les lignes suivantes .

« Dimanche dernier, la paroisse de Sercus était en fête, on devait bénir un autel magnifique, en marbre blanc, sorti des ateliers de M. Patteyn, sculpteur à Hazebrouck. Après le chant des vêpres M. le Doyen d'Aire-sur-la-Lys, expliqua en très bons termes le symbolisme des diverses parties de l'autel qui est en même temps, au moins dans la forme qu'on lui donne de nos jours, la table du sacrifice, le lieu de repos du Dieu de l'Eucharistie, et le trône de miséricorde d'où le divin Sauveur répand en abondance ses faveurs et ses grâces. Cette allocution écoutée avec l'attention la plus religieuse, fit une vive impression sur les nombreux fidèles accourus pour assister à la cérémonie. — Une procession composée de jeunes garçons et de jeunes filles portant les objets qui doivent orner l'autel, et servir à la célébration des saints mystères, se déroula ensuite dans l'église, et on procéda à la bénédiction du monument élevé par la foi des habitants de Sercus. — Honneur à ces fervents chrétiens qui, dociles à la voix de leur pasteur, ont donné leur or ou l'obole de leur pauvreté pour offrir au Très-Haut un autel digne de Lui. Le souvenir de leur générosité sera transmis aux siècles futurs par ce chronogramme délicatement sculpté dans le marbre .

DIVItIs aUro, neCnon paUperUM LaBore,
pIUs pastorIs zeLUs haeC aLtarIa VoVIt.

Honneur aussi à l'artiste qui a su si bien allier la finesse du dessin à la justesse des proportions, et a enrichi par là même une humble église de campagne d'un véritable chef-d'œuvre. »

La famille Du Toict a contribué pour un tiers dans le paiement de cet autel, dont le prix total est de trois mille francs.

AUTELS LATÉRAUX

Les deux autels latéraux ont été dessinés et exécutés par M. Patteyn. — L'autel de la Vierge est surmonté d'un retable renfermant un tableau de l'Assomption. Ce tableau restauré par des artistes de Bruxelles et par les soins de la famille Du Toict, semble avoir une réelle valeur. C'est la copie d'un tableau de maître.

L'autel de saint Erasme n'offre rien de particulier, si ce n'est qu'il porte la statue

AUTEL DE SAINT ÉRASME

(Église de Sercus)

de notre glorieux patron et celles de saint
Nicolas et de saint Expédit.

Les deux autels latéraux ont coûté chacun quinze cents francs.

LA CHAIRE DE VÉRITÉ

Au haut de l'abat-voix nous lisons l'inscription : ANNO 1763. La chaire est en
chêne sculpté. Elle porte sur quatre pan-
neaux la figure des quatre évangélistes. Sur
la colonne contre laquelle elle est adossée
se trouve l'image sculptée du divin Rédempteur. Sur les côtés de l'abat-voix, deux
anges en bois sont suspendus ; ils portent
chacun une ·trompette.

La balustrade est remarquable, dit-on,
par la finesse de sa sculpture.

Faisons remarquer en passant combien
cette chaire a été transformée en 1899.
Chargée et souillée auparavant par une

triple couche de peinture, elle en a été heureusement débarrassée par des mains dévouées. Il a fallu de courageux et persévérants efforts pour lui donner le lustre qu'elle montre fièrement aujourd'hui. Rendons hommage à la bonne volonté et au zèle opiniâtre des personnes qui nous ont ici prêté leur entier concours. Si elles n'ont pas été assez remerciées, nous nous plaisons à reconnaître hautement leur mérite et nous prions Dieu de récompenser leur labeur désintéressé.

LES FONTS BAPTISMAUX

Les fonts baptismaux sont en pierre de Soignies, élégamment sculptés. M. Patteyn a fait exécuter ce travail et l'a fait entourer d'une grille en fer.

C'est à la famille Vermelle que nous les devons. Elle a versé à cet effet une somme de cinq cents francs.

Une plaque en marbre, incrustée dans la muraille, perpétue le souvenir de cette largesse.

La bénédiction des fonts baptismaux a donné lieu a une belle fête religieuse. Le R. P. Vermelle, jésuite, a prêté son âme à la cérémonie en parlant éloquemment des promesses et des avantages du baptême chrétien.

LES ORGUES

M. Vermeulen, clerc d'église à Sercus pendant une trentaine d'années, aujourd'hui président des marguilliers à Staple, toujours attaché et dévoué aux intérêts de la paroisse de Sercus, nous a fourni sur les orgues, les renseignements suivants :

Les orgues ont été commandées par M. Attuyt, curé de Sercus et exécutées par la maison Neuville de Rexpoëde en 1841.—Le buffet est en chêne. Les jeux primitifs étaient composés comme il suit :

	Cornet 1/2
Montre 8	Prestant
Bourdon 8	Flûte 4
Doublette	4 Nasard
Trompette basse	Trompette dessus

Elles n'avaient coûté que « deux mille francs. »

C'était une réclame pour une maison qui alors était à son début, mais dont le renom est universel aujourd'hui.

Quelques années plus tard, M. Louis Sterckeman et son épouse Mme Virginie Gazet donnaient les deux jeux de Clairon et de Haut-bois. Coût environ 150 francs.

Vers 1890 M. le curé Cornette a fait ajouter l'expression à quatre jeux :

	Flûte
Basson	Flûte
Voix céleste	Salicional

Coût 2.000 francs. Le prix total des orgues serait donc de 4.150 francs. Elles sont parfaitement conservées dans l'ensemble, et ont gardé leur valeur, leur sonorité et leur éclat. Quelques jeux semblent peut-

être trop forts pour l'église et quelques rares notes faussées témoignent de la nécessité du passage d'un bon accordeur.

Nous ferons cette dépense aussitôt que la Providence nous le permettra.

L'AUTEL DE NOTRE-DAME DE PITIÉ

Ce gracieux monument est dû à la famille Justice. Il a été exécuté comme le porte l'inscription : en mémoire de M. Henri Justice, ancien maire, et de Mme Adeline Lyoen, son épouse.

Sculpteur M. Patteyn. Prix 600 francs.

Avant de quitter cette tendre Mère des douleurs adressons-lui une pieuse prière pour la généreuse famille Justice dont le souvenir nous reste toujours cher et pour laquelle nous conserverons toujours une respectueuse gratitude.

La peinture des murs et la polychromie des chœurs ont été faites par M. Brisart, peintre à Lille.

Prix : 700 francs.

TABLEAUX

L'église ne possède que quatre tableaux : le plus important est celui de l'*Assomption*. Nous avons dit ailleurs dans quelles conditions il venait d'être restauré. On lui attribue une valeur de six mille francs.

(Puisse-t-il valoir le double. Il est parfaitement encadré, bien présenté, à l'abri de tout conctact d'humidité.)

Le tableau de l'*Agonie de Notre-Seigneur* était en bien mauvais état. M. Gonella, artiste peintre, à Paris, l'a restauré en 1901 pour la modique somme de cent francs.

La *Sainte Famille* est une peinture sur bois. Ce tableau paraît avoir du mérite, mais il s'écaille et aurait besoin d'une réparation à laquelle nous ne pouvons pas songer.

Le dernier tableau représente le *Sommeil des Apôtres* pendant la prière de Notre-Seigneur au jardin des Oliviers. Quoiqu'il ne soit pas un chef-d'œuvre, une retouche lui ferait peut-être du bien.

LE BANC DE COMMUNION

Placé par l'ancienne maison Durie de Bailleul, le banc de communion a été reculé en 1900 par les soins de M. Coutterie, sculpteur à Lille.

L'agrandissement du chœur a été fait en même temps. M. Petitprez et M. Hénaux ont exhaussé le chœur et l'autel pendant la période de février et mars 1900. Ce travail a été nécessairement coûteux, mais il a été mené rapidement et a donné pleine satisfaction.

LE CONFESSIONNAL.

Le confessionnal de droite mérite seul d'être signalé. Il est en chêne, présente un aspect assez massif, sans caractère saillant. Il date d'une vingtaine d'années, a été commandé par M. le curé Cornette et aurait coûté mille francs.

LES STALLES

Les stalles sortent des ateliers de M. Coutterie. Leur travail bien qu'irréprochable paraît inachevé. Il leur manque un revêtement et une garniture pour paraître de vrais meubles artistiques. Elles ont coûté cher et ne disent pas apparemment la somme qu'elles représentent.

Donatrice : Famille Du Toict.

Les bénitiers ont été placés en 1844.

AUTEL DE LA SAINTE VIERGE

(ÉGLISE DE SERCUS)

LES STATUES

Il ne reste des anciennes statues (pour la plupart vermoulues) que celles portées en procession ; ce sont celles de sainte Anne à laquelle on accorde de la valeur, celle de la Sainte Vierge, de saint Érasme et de saint Roch qui porte le millésime de 1669. Les autres statues plus récentes sont celles du Sacré-Cœur, de N.-D. du Rosaire, de saint Joseph, de la Vierge portant l'enfant Jésus, saint Nicolas, sainte Catherine, sainte Apolline, saint Antoine et saint Expédit. Ces dernières statues ont été acquises à l'église par des dons divers dont l'énumération se trouve dans un chapitre suivant.

LE CHEMIN DE CROIX

Dénué de valeur artistique, le chemin de croix est convenable et en rapport avec le reste de l'église. Les peintures sont sur des feuilles de tôle. Nous ne connaissons ni le fournisseur, ni le prix.

Voici les noms des donateurs inscrits sous chaque tableau :

1° M. Ch. L. Cornette, curé.

2° Famille Paul Du Toict.

3° Famille Paul Du Toict.

4° Famille Charles de Hèle.

5° Famille Courtois-Vermelle.

6° Famille Deram-Verquère.

7° Famille Jules Mordacq-Levêque.

8° Famille Loridan-Delassus.

9° Famille Loridan-Delassus de Merville.

10° Famille Gaymay-Gaymay.

11° Famille Sterckeman-Gazet.

12° Julie Snyders.

13ᵉ Offert à la Très Sainte Vierge, Mère de Dieu.

14° Offert pour Louis Cornette et Régina Depours.

N'oublions pas de faire remarquer les

deux tables de marbre incrustées dans les piliers de la tour, par les soins de M. Théry, marbrier à Hazebrouck, au moment de nos grands travaux. La première table porte les noms des curés de Sercus. Nous les y avons fait graver dans l'ordre que présente notre tableau chronologique des pasteurs de Sercus.

Dans la seconde table, celle de droite on lit l'inscription suivante que nous transcrivons textuellement.

SÉPULTURE

DE MONSIEUR ANTOINE

GASPARD PETYT VIVANT PASTEUR

DE CETTE PAROISSE DE SERCU APRÈS

AVOIR FAIT LES FONCTIONS DE DIGNE PASTEUR

DANS CETTE ÉGLISE L'ESPACE DE 49 ANS,

ET AUPRÈS DE LUY DEUX DE SES SŒURS

CATHERINE PETIT FEME DE GUILLAUME HANOTTE

ET DE CATHERINE SERIEN FEME DE PHILIPPE

PETIT DÉCÉDÉE LE 23 JUILLET 1724,

AGÉ DE 80 ANS.

PRIEZ POUR LEURS AMES.

REQUIESCANT

IN PACE.

LES BANNIÈRES

Bannière du Sacré-Cœur.
Bannière du Saint Rosaire.
Bannière de la Sainte Vierge.
Bannière de Saint Érasme.

(Rien de saillant.)

SAINTE FACE

En reconnaissance d'une faveur obtenue par la dévotion à la Sainte Face, une famille distinguée d'Hazebrouck nous a donné le beau tableau de la Sainte Face placé à gauche de l'entrée de l'église. De temps en temps une personne pieuse donne de l'huile pour entretenir la lumière devant cette pieuse image.

Donatrice : Famille Leleu.

M. VERMEULEN

Clerc d'Église à Sercus

1851-1878

IMAGES

L'image de Notre-Dame de Grâce, souvenir de mission de 1892.

L'image de Notre-Dame du Perpétuel Secours, mission de 1898.

L'image de Notre-Dame du Rosaire, institution du Rosaire dans la paroisse.

Le Christ en face de la chaire est la croix de mission de 1898. Fournisseur : Bouliez de Lille. Coût 75 fr.

Notre visite de l'église est terminée. Elle ne nous cause ni orgueil, ni découragement. Privée de beautés artistiques et irrémédiablement irrégulière, elle est propre, et digne dans sa pauvreté.

Il y a quelques années, après l'achèvement du presbytère, nous avions le cœur navré à la vue de l'état lamentable du temple divin. De tous côtés on nous disait :« L'église n'est bonne qu'à démolir, il en faut une nouvelle.»

C'était bien notre avis. Nous consultâmes nos supérieurs hiérarchiques. Leur conseil fut conforme aux idées générales, mais ne trouva pas d'écho à Sercus. La réponse à la voix de Cambrai fut celle-ci : « Notre église est bien pour nous.» Puisque la commune trouvait son église suffisamment belle, Dieu lui même dut s'en contenter, et le pasteur ne put pas se montrer plus exigeant. Il fallut se borner à des restaurations successives pour éviter tout conflit et s'efforcer de donner satisfaction à chacun.

Que vaut dans l'ensemble le travail de restauration de l'église ?

Il vaut ce que vaut une restauration, dirait M. de La Palisse, c'est-à-dire infiniment moins qu'une reconstruction, parce que les dépenses faites seront sans cesse à renouveler.

La population en est-elle contente? Oui et non.

Oui, parce que dans l'ensemble, l'élément

agricole et ouvrier de la paroisse, doué d'une foi religieuse vive et simple, se trouve à l'aise dans un milieu dépourvu de riches décors.

Non, parce que ses nobles penchants et les aspirations infinies de ses convictions lui font souhaiter une montée nouvelle quoique inconnue, vers un niveau plus élevé.

Ne peut-on plus embellir l'église de Sercus?

Pour quelques-uns, il semble que l'on peut dormir maintenant sur ses deux oreilles. Voici pour leur plaire un témoignage de valeur : Il y a dix-huit mois, nous avons prié un architecte distingué de venir sur place examiner cette question très pratique. Avec un aimable empressement dont nous lui savons gré, l'architecte est venu promptement. Il a jeté un coup d'œil scrutateur sur la tour et dans la tour, sur l'église et dans l'église. Après sa visite, il est entré au presbytère et a résumé brièvement mais expressivement sa pensée en ces mots : « C'est fini. »

Donc c'est fini. Plus rien à faire. La science a parlé.

Ne doit-on plus embellir l'église de Sercus?

La question ainsi posée exige une autre réponse. Et nous disons avec une conviction profonde : *Oui*, l'on doit embellir encore et toujours l'église de Sercus. Pourquoi ? Parce que la science peut être vraie sans être active; mais, non pas la foi.

La foi qui n'agit point est-ce une foi sincère ?

On connaît la générosité et l'élan de ceux qui se rient du divin tourment qui agite certaines âmes vers une activité toujours nouvelle et supérieure ! L'avarice et la jalousie sont les pires ennemis de ceux qui ne cherchent que le bien, c'est de là que viennent les sourdes menées et l'esprit de bas dénigrements. Nous devons à la vérité de dire que ces choses sont inconnues à Sercus.

Ici nous parlons à des chrétiens.

L'édifice spirituel exige un travail, un entretien, des soins, des sacrifices toujours renouvelés...

Le temple matériel chrétien dont toutes

les parties sont la reproduction concrète de toutes les parties de l'âme et de toutes ses fonctions spirituelles, a besoin aussi d'un entretien continuel, de soins vigilants, de nouveaux progrès.

SURSUM CORDA !

Pour le temple matériel comme pour les âmes on ne fait rien sans un sublime idéal. Après la voix d'un architecte il est consolant d'entendre celle d'un évêque. Écoutez : «Ceux qui ne croient à rien d'idéal ne sont pas capables de connaître la réelle valeur des choses...» «Nous avons tous besoin d'idéal, et celui qui en manque mérite à peine d'être compté au nombre des hommes.»

Ne sommes-nous pas en bonne compagnie avec les évêques qui son' notre lumière et nos guides, pour souhaiter toujours mieux en faveur de notre église.

QUE FAUT-IL FAIRE ?

Exprimer de nouveaux projets avec l'espoir de les voir réalisés.

Depuis six ans, nous avons dû laisser dormir dans nos cartons un projet de vitraux laborieusement élaboré. Nous croyons que l'on aimera à en prendre connaissance.

Qui sait si Dieu n'inspirera pas à une âme généreuse, saintement éprise de l'idéal paroissial et divin, de faire exécuter quelque nouveau vitrail artistique en vue de rehausser le cachet de notre temple chrétien, de développer le culte de saint Erasme, d'idéaliser les âmes et de glorifier Dieu.

PROJETS DE SUJETS

pour huit vitraux dans l'église de Sercus

1. Saint Erasme est flagellé par les ordres de Dioclétien.

2. On lui brise les os à coup de bâton.

3. Il est plongé dans une chaudière d'huile bouillante.

4. Chargé de fers, en prison, il est condamné à périr. Une lumière paraît. Un ange délie ses chaînes et le délivre.

5. Maximien lui fait appliquer un fer rouge.

6. Un ange le conduit sur la mer à Formia en Campanie, près de Gaëte.

7. Sa mort. Une couronne descend du ciel. Une voix lui dit: Erasme, tu as bien combattu. Son âme s'envole vers le ciel sous la forme d'une colombe.

8. Apothéose — L'église de Sercus.

Ces vitraux ne seront peut-être pas exécutés demain. Mais pourquoi ne le seraient-ils pas bientôt?

Lorsqu'il y a quinze ans, nous composions les sujets des vitraux, pour l'église Saint-Eloi de Dunkerque (sujets tirés de la vie de Saint-Eloi) d'après les ordres du regretté,

M. le Chanoine Vitse, archiprêtre, il ne pensait pas que ce travail se serait si tôt réalisé. Dans le champ de l'église catholique, les uns sèment, les autres récoltent. C'est Dieu qui féconde le labeur.

Les autres détails de transformation ou d'amélioration dans l'Eglise, sont insinués dans notre compte rendu. Les personnes charitables, désireuses de contribuer à l'embellissement de l'église de Sercus, auront toute facilité pour choisir, selon leurs ressources, l'endroit ou l'objet de leurs généreuses préférences.

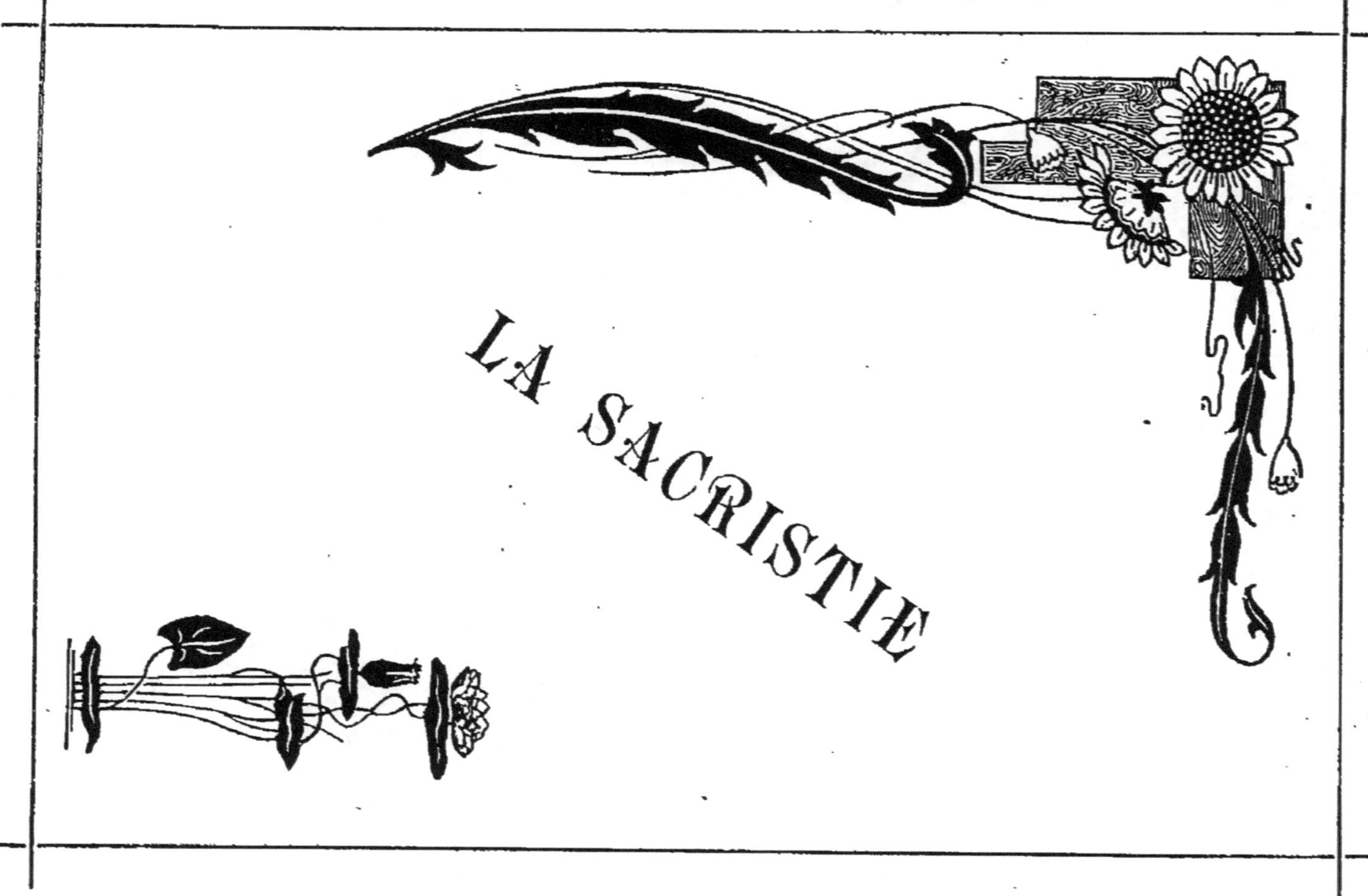
LA SACRISTIE

LA SACRISTIE

La nouvelle sacristie a été dessinée par
M. Boudein, architecte à Lille et construite par M. Petitprez, entrepreneur à Hazebrouck. Le devis s'en élevait à trois mille
cinq cents fr. Sur cette somme, le ministère
des cultes a accordé à la commune. une
subvention de six cents fr., et M. Descamps,
curé, a avancé cinq cents francs.

Il convient que nous exprimions ici à
M. l'abbé Lemire, les sentiments de reconnaissance de la population sercusoise. Les
nombreuses démarches que le vaillant député
d'Hazebrouck a faites pour Sercus, ont toujours été couronnées par le succès.

Voici la pièce ministérielle qui accuse le secours gracieusement accordé par le gouvernement.

MINISTÈRE
de
L'INTÉRIEUR
ET DES CULTES
—
Diection génerale des cultes
—
4ᵉ Bureau
—
Département du Nord
—
Diocèse de Cambrai
—
Avis d'allocation
d'un secours
—

Paris, le 9 juin 1899.

Monsieur le Député et Cher Collègue,

Je m'empresse de vous annoncer que je viens d'accorder à la commune de Sercus (Nord), un secours de 600 francs pour l'aider dans la dépense de construction d'une sacristie à son église.

Cette décision répond au désir que vous avez bien voulu m'exprimer.

Agréez, Monsieur le Député et Cher Collègue, l'assurance de ma haute considération.

Le Président du Conseil,
Ministre de l'Intérieur et des Cultes.
Pour le Ministre :
Le Conseiller d'État, Directeur général des Cultes
CH. DUMEZ.

A Monsieur l'Abbé LEMIRE, Député.

Le 14 juin 1899 nous recevions une carte contenant les mots suivants :

CHAMBRE
des
DÉPUTÉS   Mon Cher Curé,

Je suis heureux de vous transmettre la décision ci-contre.
Avec mes sentiments tout dévoués.

J. LEMIRE.

La sacristie est construite dans les meilleures conditions de solidité. Il lui manque, sans doute, le confortable des sacristies complètes ; mais, comparée à l'ancienne, elle offre mille avantages supérieurs. Elle se trouve en rapport avec l'église et s'harmonise avec elle.

INVENTAIRE DE LA SACRISTIE

Nous reproduisons un aperçu de ce que contient la sacristie pour édifier le public sur la situation exacte de son mobilier et de ses ornemements.

VASES SACRÉS

Calice en vermeil.	1
» argent.	1
Ostensoirs.	1
Ciboires	1
Boîtes aux saintes espèces	2
Boîte pour l'administration des infirmes.	1
Boîte aux saintes huiles pour le baptême.	1
Reliquaires.	2
Encensoir en cuivre argenté	1
» en cuivre.	1
Navette en cuivre argenté.	1
» en cuivre.	1
Plateau pour baptême	1
Burette »	1

MEUBLES DE L'ÉGLISE

Autels 4
Croix de mission ou de jubilé 1
Lampes d'éclairage 6
Tableaux du chemin de croix . . . 14
Autres 7
Chaire de vérité 1
Confessionnaux 2
Rideaux de confessionnaux (sans valeur) 1
Catafalque (sans valeur). 1
Porte-cierges 2
Croix de procession 2
Dais du Saint-Sacrement. 1
Drapeau. 1
Bannières 4

Chaises
- Grandes appartenant à l'église 155
- Petites appartenant à l'église 49
- Appartenant aux paroissiens 175

Bancs   5
Pupitre du jubé (sans valeur)   1
Cloches   2
Vase aux saints fonds.   1

GARNITURES D'AUTEL

Crucifix   4
Chandeliers en cuivre   20
Devants d'autel   3
Vases à fleurs   4
Bouquets   8
Plateau à burettes en étain   1
Burettes en verre (paire de)   1
Candelabres à branches   2
Sonnettes d'enfants de chœur. . . .   2
Porte-missels   2
Canons d'autel   9

M. l'Abbé LEMIRE

Députe du Nord

MEUBLES DU SANCTUAIRE

Lampe du sanctuaire en cuivre   1
Grand tapis de chœur   1
Coussin   1
Fauteuils   2
Tabourets pour officiants   2
      »   enfants de chœur . .   4
Prie-Dieu   1
Chandelier pour cierge pascal   1
Vase à eau bénite   1
Lanterne pour le saint Viatique   1

STATUES

Statue du Sacré-Cœur   1
   »   de la Sainte Vierge   3
   »   de saint Joseph   1
   »   de saint Roch   1
   »   de saint Erasme   2
   »   de saint Antoine de Padoue . .   1

»   de saint Antoine, ermite. .   .   .   1
»   de saint Expédit . .   .   ,   .   .   1
»   de saint Nicolas   1
»   de sainte Barbe   1
»   de sainte Anne   1
»   de sainte Catherine   1
»   de sainte Appoline   1
»   de sainte Brigitte . .   ,   .   .   .   1
»   Notre-Dame des Sept-Douleurs .   1

MOBILIER DE LA SACRISTIE

Crucifix.   2
Lavabos   8
Armoire aux ornements, ...   1
       »   linges   1
Armoire pour ornements des enfants de
   chœur   1
Tiroir aux petits linges   1
Porte-manteaux   4
Horloge   1

Boîtes aux hosties 2
Fauteuil. 1

ORNEMENTS

Chasuble blanche très belle 1
   »   » complète belle . . . 1
   »   » ordinaires 2
   » rouge belle. 1
   »   » ordinaire 1
   » verte belle. 1
   »   » ordinaire 1
Chasuble violette belle. 1
   »   » ordinaire 1
   » noire très belle 1
   »   » complète ordinaire . . 1
   »   » en drap d'or belle . . 1
   »   » en drap d'or ordinaire . 1
Chapes blanches ordinaires 2
   » noire belle 1
   » en drap d'or belle 1

Etoles pastorales 6
Voile de ciboire I
  »   de tabernacle I
  »   de Vierge, usé I
Couronne de Vierge (valeur 2 fr.) . . I
Soutanes d'enfants de chœur rouges (belles) 5
       »   »   (sans valeur) 5
       »   » noires (sans valeur) 5
Draps mortuaires 2
Tenture du catafalque (sans valeur) . . I

LINGES

Corporaux 20
Pâles 7
Purificatoires 25
Nappes d'autel (sans valeur) 4
  »   de communion 4
Aubes garnies (2 sans valeur) . . . 4
  »   simples (sans valeur) . . . 2
Cordons d'aubes 8

Amicts.   6
Rochets   8
Surplis d'enfants de chœur (beaux) .   .   10
              »   (ordinaires).   4

LIVRES LITURGIQUES

Missel   1
     »   des morts   1
Recueil de chants divers   4

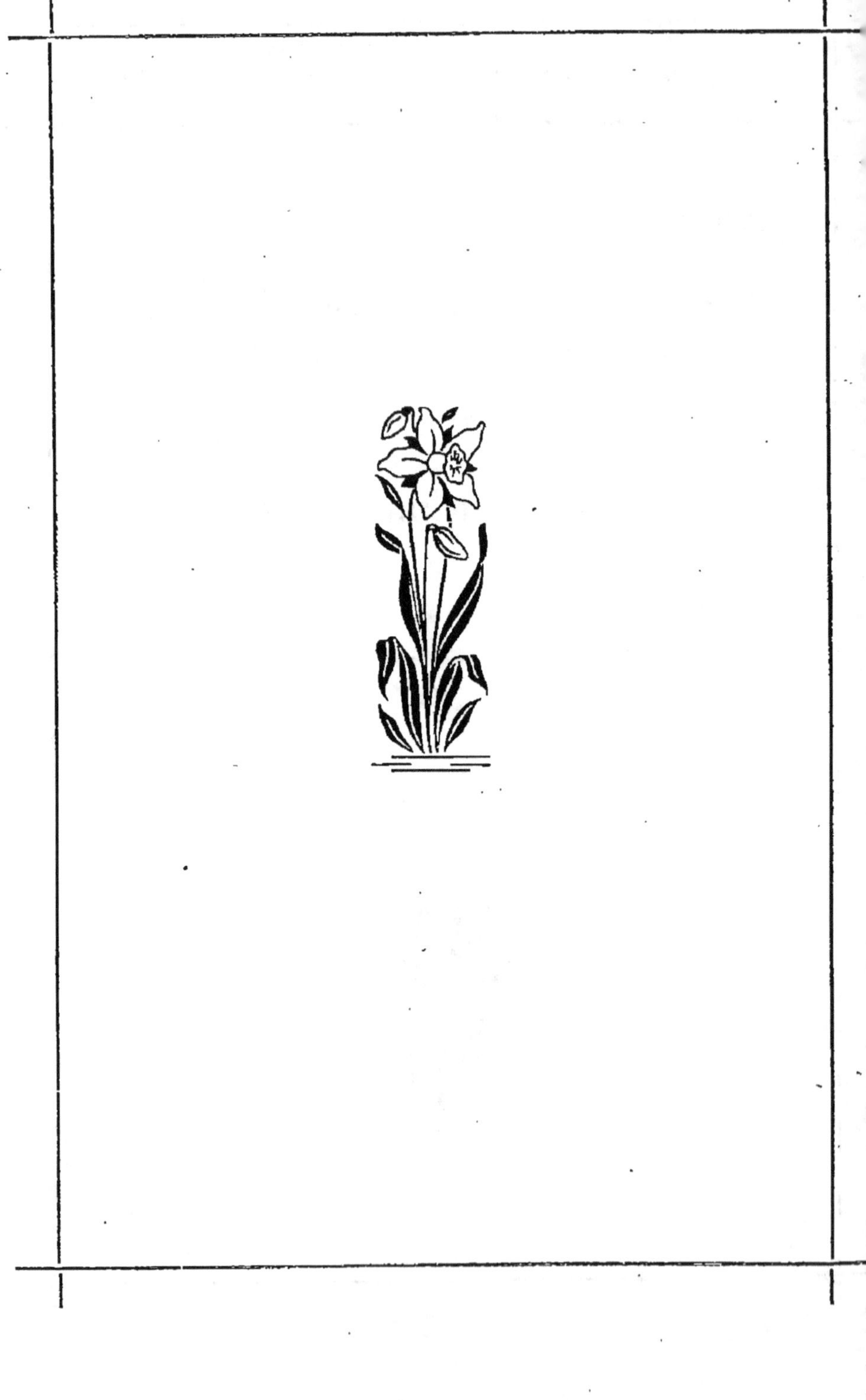

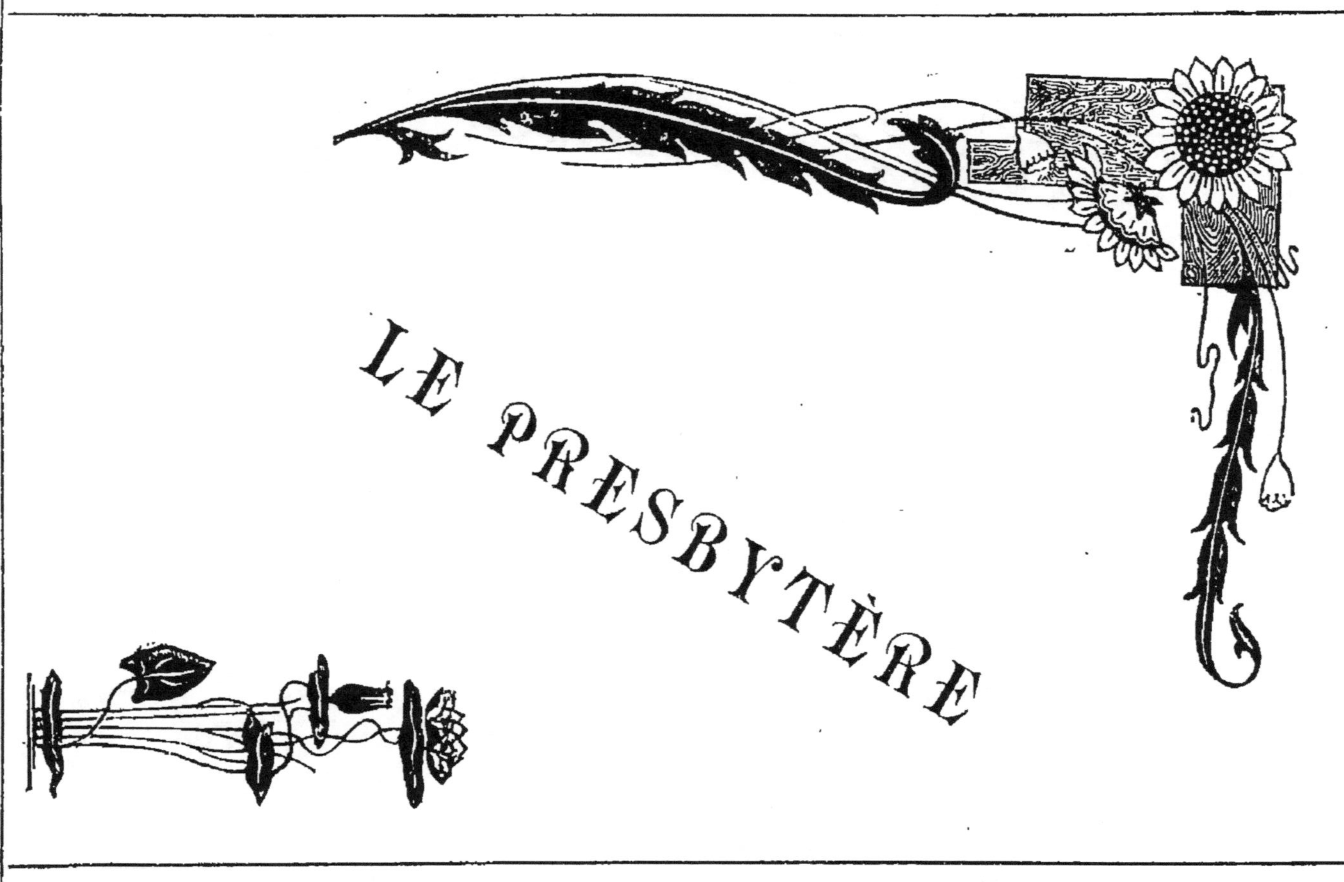

LE PRESBYTÈRE

LE PRESBYTÈRE

Voyez-vous ce modeste et pieux presbytère ?
Là vit l'homme de Dieu, dont le saint ministère
Du peuple réuni présente au ciel les vœux,
Ouvre sur le hameau tous les trésors des cieux,
Soulage le malheur, consacre l'hyménée.
Bénit et les moissons et les fruits de l'année,
Enseigne la vertu, reçoit l'homme au berceau.
Le conduit dans la vie et le suit au tombeau.
Par ses sages conseils, sa bonté, sa prudence,
Il est pour le village une autre providence.
Quelle obscure indigence échappe à ses bienfaits ?
Dieu seul n'ignore pas les heureux qu'il a faits.
Souvent dans ces réduits, où le malheur assemble
Le besoin, la douleur et le trépas ensemble,
Il paraît ; et soudain le mal perd son horreur,
Le besoin sa détresse, et la mort sa terreur.
Qui prévient le besoin, prévient souvent le crime
Le pauvre le bénit et le riche l'estime ;
Et souvent deux mortels, l'un de l'autre ennemis
S'embrassent à sa table et retournent amis.
Honorez ses travaux.

Delille.

LE PRESBYTÈRE DE SERCUS

Ce court chapitre n'est pas un hors-d'œuvre. Le presbytère forme une partie essentielle de la paroisse. — Ne dit-on pas? sans presbytère, pas de paroisse.

Il y a dix ans, on disait de Sercus : « A Sercus tout est vieux ; vieille église, vieux presbytère, vieux... vieux... vieux... » On ne disait pas, mais on pensait : vieille paroisse.

Tout était à rajeunir ou à renouveler. Il eut fallu quelques forgerons pour réussir à... mais *risum teneatis amici*... Ne parlons plus de l'ancienne demeure du curé de Sercus, elle était proverbiale... Tout ce qu'on a dit de sa vétusté était un doux euphémisme près de la vérité. Ceux qui l'ont habité dans ses dernières années en savent quelque chose. Chaque saison avait ajouté un nouvel étage de... poussières aux étages séculaires. Il est loin déjà ce souvenir !... Il nous revient pourtant quelquefois à ce propos, l'ineffable sourire de nos paroissiens, pendant les premiers jours passés au milieu d'eux... Nous n'avons pas tardé à trouver la clef de l'énigme. La population était visiblement gênée de cette situation :

Elle avait entendu dire que deux prêtres avaient été appelés à la cure de Sercus ; elle avait fait des démarches pour obtenir un curé de son choix ; — le curé envoyé par Mgr l'Archevêque se faisait l'écho de ses supérieurs ecclésiastiques, en sollicitant un nouveau presbytère ; — la municipalité déjà endettée disposait de ressources bien minimes. —

La Providence vint au secours de la commune d'une manière visible par l'intervention magnanime de la famille Du Toict de Hèle, qui promit une somme égale à celle versée par la commune.

Le presbytère était bâti en principe.

Grâce à l'accord unanime de l'autorité civile et de l'autorité ecclésiastique les choses marchèrent bon train. On vit alors la justification de ce mot : lorsqu'une chose est nécessaire elle réussit toujours. — Mme Dormion nous recommanda M. Jules Deram, directeur des travaux à Hazebrouck pour le choix d'un plan. — Le conseil municipal réuni au presbytère, après un minutieux examen et une mûre réflexion accepta le plan proposé. M. Deram fut chargé des démarches et des négociations. Ce qu'il fit avec beaucoup de dévouement et d'habileté. M. Petitprez soumissionna comme entrepreneur des travaux avec un rabais de 7 % et il fut accepté. Le devis du presbytère s'élevait à 11.162 francs 97 centimes. — Les travaux commencèrent et furent menés heureusement. — Cependant on trouvait que le plan aurait pu être plus favorable. On aurait préféré un étage aux mansardes agréées d'abord. Cette idée prit consistance. Il fallait de nouvelles autorisations. M. Barbier n'aimait pas à changer ce qu'il avait fait. Cédant aux instances de M. Deram, M. Delemer, architecte à Lille, transforma le plan primitif ; au lieu de mansardes, il nous présenta un étage avec une diminution de 537 francs 57 centimes. Le second plan fut approuvé le 11 octobre 1894.

Voici l'état comparatif des deux devis :

ÉTAT COMPARATIF
des deux devis pour le presbytère.

AVANT-PROJET
et PROJET d'EXÉCUTION AVEC ÉTAGE

	Avant-projet	Avec étage
Fouille	62 12	62 12
Maçonnerie	3028 26	3452 53
Pierre bleue, marches . .	73 20	73 20
» appuis . .	76 00	85 00
Pierre de citerne, fosse .	10 00	10 00
» évier .	10 00	10 00
Couverture, ardoises . .	1470 00	694 65
Lucarne en bois	200 00	supprimé
Carrelage céramique . .	281 10	357 67
Chéneau	336 00	414 12

	Avant projet	Avec étage
Plateforme en zinc . . .	35 00	supprimé
Tuyau de descente . . .	10 00	32 00
Pompe	80 00	80 00
Cimentage	160 00	201 72
Cheminée	190 00	190 00
Briques blanches . . .	150 00	150 00
Main courante . . .	50 00	50 00
Vérandah	40 00	40 00
Planches ét.	211 20	191 29
» r.-de-ch. . . .	177 36	162 60
Escalier.	168 00	168 00
Menuiserie, portes . . .	651 02	681 31
Chassis	326 60	387 98
W. cl. siège	4 55	4 55
Lambris.	15 00	15 00
Appareil	35 00	35 00
Vitrerie.	125 00	125 00
Plafonds	299 00	299 00
Enduits	287 50	287 50
Ornements.	25 00	supprimé
Fers	227 06	233 79
Pose	10 00	10 00
Persiennes.	340 00	175 00
Charpente	1170 00	1254 37
Plinthes	60 00	60 00
Fresques à l'eau . . .	91 00	91 00
Ornements, garniture zinc	205 00	supprimé
Garniture zinc	128 00	128 00

	Avant projet	Avec étage
Peinture à l'huile	180 00	180 00
Fers d'ancrage	105 00	175 00
Perron	60 00	60 00
	10627 40	11162 97

Différence : 535 57

Le second plan convint à la commission choisie par la municipalité pour la surveillance des travaux, et après son acceptation la construction fut bientôt achevée à la satisfaction de tous.

Ne pouvant reproduire le plan du presbytère, nous nous contentons d'indiquer ses dispositions principales. Au rez-de-chaussée, à gauche, cuisine ; à droite, pièce de réception ; dans le fond gauche, salle à manger ; à droite, salon. A l'étage, quatre chambres à coucher, une petite chambre. Au sous-sol, cuisine basse, bûcher, grande cave, cave à vin, et citerne de quatre mètres de long, sur quatre de large. Le presbytère a dix mètres de longueur, sur neuf de profondeur. Les pièces du rez-de-chaussée ont quatre mètres de haut, les pièces de l'étage trois mètres cinquante centimètres.

Le presbytère dont le cachet n'est pas banal, possède un immense avantage. Quoique placé dans un bas fond, il présente un aspect réellement agréable, et offre toutes les garanties possibles de salubrité et de confortable pour un prix vraiment modique.

LE JARDIN DU PRESBYTÈRE

Le jardin a environ 75 mètres de longueur sur une moyenne de 40 mètres de largeur, non compris l'emplacement et l'enclave de la maison. Le fond du jardin a été transformé en bocage, on a planté des chênes, des ormes, des noyers, des cerisiers, des mérisiers, des noisetiers, etc..

LE PRESBYTÈRE (Vue du Jardin)

Une grande et belle pièce d'eau se trouve à l'extrémité ouest. Elle ne possède d'autre poisson que quelques rares brochets dont la meilleure utilité est d'écarter et de dévorer les grenouilles, qui par leurs croassements nocturnes, troublaient notre repos pendant les belles soirées de l'été. Le terrain du jardin est très fertile, mais peu favorable aux poiriers. Les cinquante arbres plantés en février 1896 et fournis par M. Meurillon, pépiniériste à Hazebrouck, grandissent lentement et comme à contre-cœur.

Note sur le Presbytère

Dans les mémoires laissés par M. Cuvelier, ancien curé de Sercus, il est question d'un procès sur la délimitation du terrain presbytéral. D'après ces documents, le terrain contenait une mesure. Tout fait supposer que les maisons voisines du jardin du presbytère, formaient alors la maison vicariale.

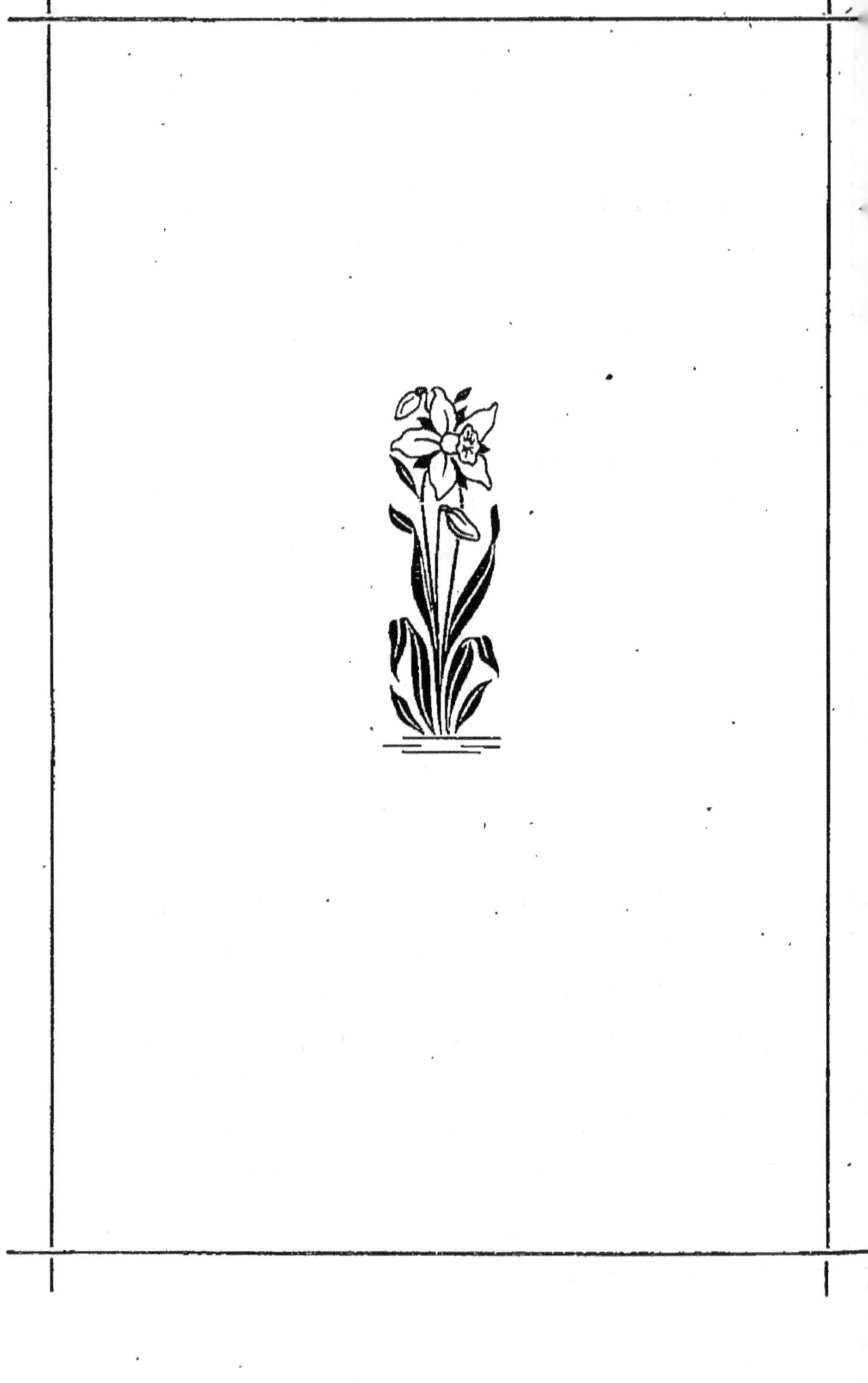

LES PAROISSIENS

LES PAROISSIENS

PAROISSIENS DE SERCUS APPELÉS AU SACERDOCE.

> Vos autem genus electum, re-
> gale sacerdotium, gens sancta,
> populus acquisitionis.

Les fleurs de prédilection du parterre de Sercus sont évidemment les prêtres sortis de son sol et les lévites appelés à l'honneur du sacerdoce. Ils méritent sans doute une mention toute spéciale dans cette énumération de toutes les brebis d'un même bercail.

On ne sait par quel hasard providentiel, s'il est permis de s'exprimer ainsi, aucun prêtre originaire de Sercus n'a vécu long-temps. Voilà une réflexion que j'ai entendu cent fois dans mes visites paroissiales.

M. Charles-Louis Deman, prêtre à Lille, est mort relativement jeune. M. Boddaert Henri, vicaire à Lille (Saint-Sauveur), est mort avant d'avoir vu la cure de Bavinkove, à laquelle il venait d'être promu. Le cher Abbé George, à peine prêtre, a été trouvé mûr pour le ciel. Pourquoi tairions-nous le nom du jeune et si aimé Tobie Deram, mort élève de seconde au Petit Séminaire d'Hazebrouck, dont M. Delylle, directeur, disait : Tobie n'est pas seulement un des meilleurs élèves de sa classe, c'est un des meilleurs de toute notre maison.

Espérons que Dieu réserve une longue carrière aux nouveaux élus du Sanctuaire qui viennent de célébrer leurs prémices à Sercus, ou qui sont à la veille de leur ordination sacerdotale. — M. l'Abbé Joseph

Courtois, licencié ès lettres, professeur de rhétorique au collège Jeanne d'Arc à Lille, a célébré sa première messe à Sercus en 1899. (A cette occasion M. le Maire a donné à l'église, le dais de procession, la grande croix, les habits des enfants de chœur, etc.)

M. l'Abbé Désiré Boddaert, licencié ès sciences, a été ordonné à Rome en 1900. Il prépare actuellement à Paris son certificat de mécanique. Il nous écrivait dernièrement : Je vais au parc de Montsouris, à l'observatoire des officiers de l'École supérieure pour m'initier aux méthodes d'observations astronomiques.

Apprenant l'impression de cet opuscule : Bravo, Monsieur le Curé, écrivait-il, je n'aurais jamais cru qu'on aurait pu trouver tant de choses à dire sur Sercus. Que ne suis-je poète pour chanter mon village comme Botrel sa Bretagne.

En juillet 1901, M. l'Abbé Marcel Bultel actuellement vicaire au Grand Fort Philippe, a chanté très solennellement sa première messe. M. l'Abbé Kieken, ancien vicaire de Sercus, toujours sympathique, a parlé éloquemment du sacerdoce. La population a fait à la famille Bultel une démonstration de grande sympathie, en pavoisant les rues sur le parcours de la maison du nouveau prêtre jusqu'à l'église. M. le Curé lui avait dédié le chronogramme suivant :

CARO MARCELLO SACERDOTI

L'église était gracieusement parée.

Au moment où nous écrivons ces lignes, nous recevons de Cambrai la lettre suivante :

« Cambrai 28 janvier 1902.

» MONSIEUR LE CURÉ,

» Je suis heureux de vous faire part de mon appel au diaconat que je recevrai le 22 février prochain, samedi des Quatre-Temps de Carême.

» Je vous prie donc d'avoir l'obligeance de publier le ban canonique exigé pour la réception de cet ordre.

» J'espère, Monsieur le Curé, que vous voudrez bien m'aider à remercier le Bon Dieu de cette nouvelle grâce qu'il m'a faite, et qu'à cette intention, vous vous souviendrez de moi à l'autel du Seigneur. Soyez assuré que votre paroissien se fait un devoir de prier pour vous, et qu'il attend avec impatience le moment où il lui sera donné de célébrer le saint Sacrifice et d'y prier à votre intention.

» Michel COURTOIS.»

Nous formons les meilleurs vœux pour ce cher abbé qui ne nous en voudra pas d'avoir publié ses sentiments si pieux, et si édifiants. De telles dispositions attirent les grâces de Dieu, et concilient l'affection des hommes.

Au mois de juin nous célèbrerons ses prémices.

D'autres enfants de Sercus se préparent à monter au saint autel.

Que Dieu les bénisse !

NOMS

des Paroissiens de Sercus

Curé : Emile DESCAMPS.

Marguilliers

MM. Charles SOCKEEL, *Président.*
Justin COURTOIS, *Maire, Membre de droit.*
Louis STERCKEMAN, *Trésorier.*
Charles QUERLEU,   *Membre.*
Désiré VANLERBERGHE, »
Benjamin DESOUTER,   »
Emile DESCAMPS, *Curé, secrétaire.*

Clerc Sacristain

Emile GAVORY.

Chantres

Gustave SOCKEEL.
Charles PATTEYN.
René DERAM.
Alfred BÉCUE.
Emile VERSTRAET.
Elie CABARET.
Elie JOLY.

Enfants de chœur

Maurice LEGRAND.
Venant MACRÉ.
Charles GAVORY.
Isaïe PLANCKE.

Chaisière

Vve George WILLAIN.

Sonneur

Auguste SANTRAIN.

NOMS DES PAROISSIENS

par familles et par foyers

Dans la première colonne se trouvent les noms des enfants demeurant à la maison paternelle; dans la deuxième, les noms des enfants sortis de la maison paternelle; dans la troisième, les noms des commensaux.

Famille H. ANDRIES

Henri ANDRIES
Hélène DEWAELE

Maria	Abel	Henri LEROY
Marcel	Alfred	
Maurice		

Famille L. BECUE

---

† Louis BÉCUE
† Marie MORDACQ

Emma
Angèle
Berthe   Jules
Albert   Louise
Stanislas   Clotilde   Reine DESMEDT
Elie   Maria   Vve MORDACQ
Joseph   Sidonie
Gabrielle   Julia
Alfred

Famille J. BECUE

Jules BÉCUE
Amandine MACHY

Gilberte
Yves
Jean

Famille G. BECUE

———

GUSTAVE BÉCUE
LOUISE BÉCU

PAUL
MARTHE
MAURICE
JEANNE
ROBERT
MARIA

Famille H. BÉCUE

———

HENRI BÉCUE
STÉPHANIE MORDACQ

ALFRED   EMMA
HÉLÈNE   GUSTAVE
ACHILLE   MARIE
           LOUISE

Famille L. BELS

———

Léon BELS
Adèle CAPELLE

Elie
Louise
Julienne
Maria
Géry

Famille H. BELS

———

Henri BELS
Julie DUFOUR

Elie
Marguerite   Maria

Famille L. BERTELOOT

———

Louis BERTELOOT
Emérence VERMEULEN

Emile   Marie
Albert   Hélène
      Angèle

Clémence **BOGAERT**

Famille H. **BOGAERT**

HENRI BOGAERT
NATHALIE DEWAELE

Famille E. **BULTEL**

EMILE BULTEL
SOPHIE CABARET

AUGUSTE CABARET
LUCIE CABARET
GUSTAVE VANBALINGHEM

M. l'Abbé DESCAMPS

Curé

Famille H. BULTEL

———

HENRI BULTEL
MARIE MORDACQ

AUGUSTE   MARCEL
EMILE   ELIE

Famille A. CABARET

———

AUGUSTE CABARET
EMMA COUSYN

BLANCHE
ELIE
ALFRED
MARCEL
ALBERT

Famille L. CABARET

———

LOUIS CABARET
STÉPHANIE DEBACKER

Famille A. BERTHE

Amédée. BERTHE
Eugénie CARTON

NORBERT   Mme BERTHE

Famille D. BODDAERT

Denis BODDAERT
Mathilde DESPREZ

CODEVILLE
Pauline
DEBREU Marie
»   Gabrielle
BODDAERT
Joseph
»   Louis
»   Zoé

Henri DEBREU
Désiré
BODDAERT
Elie   »
Adrien   »
Georges »
Michel   »

Famille L. BOIDIN

Louis BOIDIN
Hélène CATTOIR

Maria
Joseph

Famille CHEVALIER

———

† CHEVALIER
† Julie DUMORTIER

Emile
Auguste

Famille C. CARON

———

Charles CARON
† Nathalie MALLEVAYE
    Félicie
    Hélène
    Marie
    Ursule
    Angèle
    Valérie
    Maria
    Gabrielle

Famille V. COUBRONNE

———

Victor COUBRONNE
Arthémise DOUBLET

Joséphine

Famille V. COUDEVILLE

Victor COUDEVILLE
Marie KERLEU

Aimé
Emile
Auguste
Fernand

Famille J. COURTOIS

Justin COURTOIS
Sidonie VERMELLE

Marthe   Joseph
Léon   Michel

Famille C. COUSYN

Clément COUSYN
OUDOIRE Hélène

Famille L. COUSYN

———

LOUIS COUSYN
CLÉMENCE WILLAIN

ZÉLIE
MARIE   BLANCHE
BERTHE

Famille A. DEBACKER

———

† ALEXANDRE DEBACKER
CATHERINE VANLANDE

              CONSTANT
LÉON   MATHILDE
JULIA   ÉLIE

Famille A. DEBLONDE

———

AUGUSTE DEBLONDE
EUGÉNIE LACHÈNE

              HENRI
              LÉON
CORNÉLIE   ÉMILE   SUZANNE
EDMOND   JULES
CLÉMENT   ALBERT
              HÉLÈNE

Famille H. DECLERCK

HENRI DECLERCK
LÉONIE DUBRULLE
    JULES
    MARIA
    LYDIE
    REMY
    EMMA
    GABRIELLE

Famille A. DECOUVELAERE

ALFRED DECOUVELAERE
MATHILDE PARENADA

GASTON	MACRÉ
ADRIENNE	NOÉMIE

Famille F. DEMAN

FORTUNÉ DEMAN
HÉLÈNE BUSSOON

JOSEPH	FUMERY
	JUSTINE

Famille H. DECRETON

HENRI DECRETON
MARIE DEWAELE

ELIE
MARIA
ALFRED
RENÉ
BERTHE

JOSEPH
HENRI

Famille G. DEMAN

GÉRY DEMAN
ADÉLINE BARBIER

JULES

Famille A. DENAES

AMAND DENAES
MARIE BODDELLE

GASTON
LÉON
AGNÈS
HENRI

BARON
MADELEINE

Famille C. DERAM

---

† Charles DERAM
Philomène VERQUÈRE

Élie
René
Lydie
Joseph
Remy

VERQUÈRE
Sophie

M. DESCAMPS, curé

Emile DESCAMPS

MACKE
Léonie

Famille H. DESPICHT

Hippolyte DESPICHT
† Adèle LEMIÈRE

Famille B. DESOUTTER

Benjamin DESOUTTER
† Justine HÈLE

    Marie
    Mathilde
    Léon
    Charles
    Hélène
    Lucien
    Julien

Famille L. DESOUTTER

Léon DESOUTTER
Valérie VANBREMERSCH

Etienne

Famille L. DEVEYER

Léon DEVEYER
Fidélia MALLEVAYE

Suzanne
Maria
Noémie
·Isaie

Famille C. DEWAELE

Charles DEWAELE
† Adèle CARON

Jules

Louis
Michel
Auguste
Joseph

Famille C. DEWAELE

César DEWAELE
Marie COUSIN

Louise·
Marthe
Cornil

Joseph
Henri
André

Famille H. DEWAELE

Henri DEWAELE
Marie SANTRAIN

Gabrielle
Maurice
Léon

Famille C. DIGEON

CHARLES DIGEON
† ADÈLE DEMAEG

AUGUSTE   JULIE
HENRI

Famille C. DUFOUR

† CONSTANTIN DUFOUR
JULIE CABARET

SAVAETE
ARTHUR   LÉONIE

Famille A. DUMORTIER

AUGUSTE DUMORTIER
MARIE BAUDENS

BLANCHE
IVOINE
CYRILLE   JOSEPH
AGNÈS

Famille L. DUMORTIER

Léon DUMORTIER
Adèle VERHAEGHE

HÉLÈNE
MARCEL
ISAIE

VERHAEGHE
CHARLES

Famille A. DUCORNEZ

† Augustin DUCORNEZ
Mélanie FOURNIER

Famille L. DEBLONDE

Léon DEBLONDE

DESMULY
MARCEL

Famille A. GAYMAY

Auguste GAYMAY
† Stéphanie MASTAIN

HÉLÈNE
MARIA

VICTOR
ELIE

Famille P. GAVORY

Prosper GAVORY
Zoé CALOONE

Marie
Henri
Gabrielle
Emile
Marthe   Paul
Marguerite
Charles
Madeleine

CALOONE
Charles

Famille J. GAYMAY

Joseph GAYMAY
Hélène MORDACQ

Gustave
Georges
Germaine
Albert

COUSYN
Stéphanie
veuve de
MORDACQ
Englebert

Famille L. GAYMAY

Louis GAYMAY
† Reine BELS

Marguerite   Michel
André

Famille L. GENET

Louis GENET
Stéphanie VITRY

Marie
Marthe   Henri
Maurice

Famille H. GEORGE

† Henri GEORGE
Elise WILLAIN

Famille E. GOUILLARD

EMILE GOUILLARD
JULIENNE DELAIRE

DEGROOTE
STÉPHANIE

Famille L. GOUILLARD

LOUIS GOUILLARD
EUGÉNIE PELYSER

ÉMILE
JULIENNE   Vve PELYSER

Famille J. GUERBEAU

JULES GUERBEAU
MARIE CARON

RACHEL

Famille J. HERNU

JULES HERNU
SIDONIE PATTEYN

LOUIS	WILLIER
MADELEINE	SILVIE
HENRI	Veuve
EMILE	PATTEYN

Famille L. HUYGHE

LOUIS HUYGHE
PÉLAGIE DECLERCK
MARIE
CÉLINE
LYDIE   CHARLES
ANGÈLE   ALBERT

Famille H. HUYGHE

HENRI HUYGHE
NATHALIE HUYGHE

MARIA
JOSEPH
ANGÈLE
MARGUERITE
ALPHONSE

LE PRESBYTÈRE

(Vue de Face)

Famille HUYSSEN

HUYSSEN

Constant
Adolphe
Clotilde

MERSEMAN
Angèle

Famille L. PAEPE, J.-B. JOLY

† Louis PAEPE
† Jean-Baptiste JOLY
Stéphanie LYOEN

PAEPE Adrien
PAEPE Lucien
JOLY Elie
JOLY Isaïe

Famille A. KERLEU

Alexandre KERLEU
† Rosalie CABOCHE

Louis
Marie

Famille A. LACOMPTE

———

Auguste LACOMPTE
Angèle DEHAEZE

Julie   LACOMPTE
Jules   Charles

Famille H. LACOMPTE

———

Henri LACOMPTE
Louise MAILLOT

Famille L. LACOMPTE

———

Louis LACOMPTE
Marie DELMAERE

Maria
Joseph   DEPORTER
Madeleine   Julienne
Germaine

Famille A, MERVAILLIE

AUGUSTE MERVAILLIE
MARIE DERNORME

HÉLÈNE
ANGÈLE
LYDIE
EMMA
ADRIENNE

Famille A. MAERTEN

AIMÉ MAERTEN
SOPHIE ROYE

MARIE

Famille J. MORDACQ

JULES MORDACQ
SIDONIE VERSTAVEL

MARIA
GÉRY
GABRIELLE
JEANNE

LEVÊQUE
CAROLINE

Famille A. MORDACQ

† Augustin MORDACQ
Reine DESMIDT

Famille L. OUDOIRE

Lucie OUDOIRE

Famille Th. OUDOIRE

Théophile OUDOIRE
† Lucie MACKE

Marie   Adelaïde
Louis   Cornélie
Hélène

Famille O. SAINT-OMER

Odule SAINT-OMER
Marie

Angèle

Famille V. PARENADA

---

† Venant PARENADA
Julie VITSE

MACRÉ

Lucie   Mathilde   »   Gabrielle
                                  »   Louise
                                  »   Venant

Famille Ch. PATTEYN

Charles PATTEYN

Famille Ch. PELYSER

Charles PELYSER
† Mélanie GELIEN

                 Hélène
Joseph   Valérie
                 Cornélie

Famille A. PLANCKE

AUGUSTE PLANCKE
LUCIE BELS

JULES　　　　　EMILE
ISAÏE　　　　　GEORGES
MADELEINE　　MARIA
EUGÈNE　　　　ZÉNOBIE

Famille J. PRÉVOST

JOSÉPHINE PRÉVOST

Famille A. PRIEM

AUGUSTE PRIEM
MATHILDE DEBAEKER

MARCEL
ISAÏE

Famille H. QUERLEU

Henri QUERLEU
Léonie BRAEMS

Famille L. BRAEMS

† Louis BRAEMS
Fidelia DEBROEDER

Léonie
Reine
Albert
Angèle

Famille Ch. QUERLEU

Charles QUERLEU
Juliette FUMERY

Eugène
Gabrielle
Antoinette   MINNE
Daniel   Henri
Germaine
Raymond

Famille G. RAUWEL

Gustave RAUWEL
Céline MAY

Fernande
Marie-Louise
Roger

Famille F. ROSE

François ROSE
† Adèle HARLEY

Léon
Georges   Marie
Victor
Angèle   Céline

Famille J. ROYE

Jules ROYE
Sidonie WILLAIN

Hélène   COUSYN
Gabrielle   Blanche

Famille G. SALOME

GÉRY SALOMÉ
EMMA LEUWERS

RENÉ

Famille L. SANTRAIN

LÉON SANTRAIN
JUSTINE MAERTEN

VANDAELE
MÉLANIE

Famille A. SANTRAIN

AUGUSTE SANTRAIN
URSULE CARON

JOSEPH
MADELEINE
GASTON
MAURICE
ISAIE

CARON
CHARLES

Famille H. SIX

Henri SIX
Julienne DELEU

Abel
Germaine
Adrienne

Famille C. SOCKEEL

Charles SOCKEEL
Nathalie ASSEMAN

Constant
Gustave
Marie
Julienne
Julia

Sophie
Mathilde
Élie
Valérie

Famille L. STERCKEMAN

Louis STERCKEMAN
† Virginie GAZET

STERCKEMAN
Rosalie

Famille M. TAVERNIER

———

Marcellin TAVERNIER
† Julie VANLANDE

Famille A. VANBELLE

———

Alexandre VANBELLE
Marina GÉRART

Julienne
Théophile

Famille R. VANBREMERSCH

———

Rémy VANBREMERSCH
Zélie VANBERTEN

Germaine
Marcel
Agnès

Famille VANDEWAELE

VANDEWAELE

CHARLES
LÉON
ÉMILE

Famille F. VANESTE

FORTUNÉ VANESTE
LUCIE DUHAMEL

VANESTE
GEORGES

VANESTE
LÉONIE
FIDÈLE
GUSTAVE

SALOMÉ
EUDOXIE

SALOMÉ
MARIE
ANGÈLE
JULIENNE
LÉONIE
ZÉLIE

Famille D. VANLERBERGHE

———

Désiré VANLERBERGHE
† Mélanie SOCKEEL

Justin	Juliette
Constant	Félicie
Marie	René
Emma	Jules

Famille J. VERHILLE

———

Jérome VERHILLE
Maria BÉCUE

Fernande
Madeleine
Maurice

Famille L. VERHILLE

———

Louis VERHILLE
Pélagie LACHÈNE

Jérome

Famille·A. VERMEULEN

Auguste VERMEULEN
Octavie GAVORY

	Constant
Hélène	Gertrude
Marthe	Prosper
Louise	René
	Marie

Famille J VERSTAVEL

Jules VERSTAVEL
Mathilde DESOUTTER

Famille H. VERSTRAET

Henri VERSTRAET
Stéphanie CHEVALIER

Auguste
Émile
Albert
Nathalie

Famille L. VISAGE

———

Louis VISAGE
Mélanie PELYSER

Famille H. WEXSTEEN

———

✝ Henri WEXSTEEN
Reine BRAEMS

Charles Auguste Constant Clotilde	WEXSTEEN Henri

Famille G. WILS

———

Gustave WILS
Léonie MACKEY

Famille C. WYART

CHARLES WYART
ZÉNOBIE DEGROOTE

CLÉMENT
JULES
PRAXÈDE
ABEL

TAVERNIER
FRANÇOIS

TOBIE DERAM
Élève de Seconde au Petit Séminaire d'Hazebrouck

ROADGEVINGEN

AEN DE BUITENLINGEN

Heden, zegt een van ons letterwyze, iedereen beyvert zich om de eenvoudigheid
door de pracht te vervangen, het huiselyk
gemak door den uitwendigen glans. Den
landsman droomt voor zynen zoon rykdom
en eerlykheid; hy en houd niet op van zyne
jonge begeerigheid op te wekken, met hem
een lachend tafereel van den wereldschen
voorspoed voor te houden. Neen, hy wilt
niet dat dien beminden zoon, met hem te velde
het land bewerke; hy verhaast zich van hem
ter stede te zenden, alwaar hy meent dat de
fortuin hem verwacht. Hy heeft vastgesteld
van ervan eenen burger, eenen koopman,
eenen rechter, eenen advokaat te maken,
hy lacht tegen zyn toekomend geluk; hy
ziet hem de zee, op zyne met waren geladen
schepen, doorklievende, of vooruittrekkende
aan het hcofd van het leger, of nog, met luis-

ter verschynende aan het openbaar spreek-
gestoelte. Goeden landbouwer, gy bereid u
veel berouw. Helaas ! dat kind, dat door u-
wen wil, de herinnering aan zyne beekjes,
aan zynen heuvel, aan zyn strooihuis verloren
heeft, zal misschien ongelukkig genoeg zyn
om ook zyne ouders te vergeten ! Gelukkige
inwoonders van de landen, vreest van in het
midden der steden te verdolen. Blyft, blyft
onder uw landelyk dak. Bemint u, door een
vlytig werk, door wys aangewende middelen,
het beloof van uwe velden te vermeerderen
en den welstand ni uw zoo zoet verblyf te
doen inwonen. Houd u verre van het geruisch
en van de ondeugd ; laat de droomen en de
begoochelingen van het leven aan hen die hier
maar dezen troost en hebben, en zyt tevreden
met op te sieren het kleen hoekje land dat
eenen gunstigen hemel u gegeven heeft.

LES CONFRÉRIES

CONFRERIES

—

Tout le monde sait que les confréries sont des associations pieuses ayant pour but la glorification spéciale de Dieu sous quelque vocable spécial, de Notre-Seigneur Jésus-Christ, de la Sainte Vierge ou d'un saint, pour obtenir des grâces abondantes par le concours multiplié de prières et d'actes de piété faits aux mêmes intentions par plusieurs fidèles.

Les confréries les plus anciennes à Sercus sont celles du Saint-Sacrement dont les statuts ont été refaits déjà en 1874. La

confrérie du Rosaire existait déjà en 1686.
La confrérie de saint Erasme vient d'être
fondée avec l'autorisation, l'approbation et
les félicitations de Monseigneur Sonnois,
archevêque de Cambrai.

CONFRÉRIE DU SAINT-SACREMENT

La Confrérie du Saint-Sacrement a pour
objet d'honorer d'une manière spéciale Notre-
Seigneur Jésus-Christ dans le sacrement de
l'Eucharistie qui est le sacrement de son
amour et de réparer les outrages qu'il y
reçoit sans cesse.

Cette dévotion, née à Rome en 1539
dans l'église de la Minerve, fut approuvée
par le Pape Paul III.

RÈGLEMENT

de la Confrérie du Saint-Sacrement
érigée dans la paroisse de Sercus.

La Confrérie du Très Saint-Sacrement canoniquement érigée dans l'église de la paroisse de Sercus, diocèse de Cambrai, par ordonnance archiépiscopale du 5 Janvier 1874, avec jouissance des privilèges et des indulgences ordinaires aux confrères de ce titre, est placée par Monseigneur l'Archevêque, sous la direction immédiate de M. le Curé de la paroisse qui reste chargé, comme directeur de la confrérie, du soin de pourvoir à la régularité de son organisation, à sa bonne tenue spirituelle et à la célébration de ses fêtes.

M. le Directeur est chargé d'écrire sur un registre spécial, les noms des confrères et des consœurs.

Les membres de la confrérie donneront à tous les fidèles l'exemple des vertus chrétiennes, de l'assiduité aux offices de la paroisse et de la fréquentation des sacrements aux principales fêtes de l'année.

. La confrérie a un conseil composé : 1° de M. le Directeur qui préside les cérémonies ; 2° de trois conseillers ; 3° d'un trésorier dont les fonctions consistent à tenir un compte exact des offrandes faites à la confrérie et des dépenses. M. le Directeur choisit et nomme les membres du conseil pour trois ans.

Le conseil convoqué par M le Directeur se réunit une fois par an, au jour fixé par le susdit Directeur. Le conseil s'occupera des améliorations à faire afin de procurer au culte du Saint Sacrement une plus grande décence ou un plus grand éclat ; des comptes, des recettes et des dépenses ; des obits à chanter pour le repos de l'âme des confrères et consœurs décédés.

Les obits seront au nombre de deux par an ; en outre, un obit spécial sera chanté, aux frais de la confrérie, pour chaque confrère ou consœur, dans les premiers jours qui suivent leur décès.

Les ressources de la confrérie proviendront des quêtes qui se feront dans l'église et des offrandes volontaires et annuelles que donneront les membres de la confrérie (cette offrande est fixée à vingt-cinq centimes par an.)

Le jour de la Fête-Dieu sera la fête principale de la confrérie. Les membres sont invités à s'approcher des sacrements, ce jour, ou un des jours de l'octave.

Les confrères portent le dais aux processions du Saint Sacrement et des flambeaux aux mêmes processions.

M. le Directeur choisit parmi les consœurs, des zélatrices dont l'office est de prendre soin du mobilier de la confrérie, bannières, flambeaux, bouquets artificiels, linge et autres ornements, de tenir l'autel dans un état habituel de propreté, de décence et de le parer aux jours de fête et de saluts.

Aux processions solennelles du Très Saint Sacrement, les confrères et consœurs se chargeront d'ériger des reposoirs, de les orner, de joncher les rues et les places de fleurs et de feuillage.

Les consœurs veillent à ce que tout soit convenablement préparé et orné dans les maisons où le prêtre porte la sainte communion aux malades. Elles prendront un soin particulier de la table sur laquelle le prêtre devra déposer le Très Saint Sacrement.

Les confrères et consœurs feront exactement leur adoration à l'heure qui leur sera désignée le jour de l'adoration perpétuelle et le Jeudi Saint.

Les confrères et consœurs s'efforceront d'assister régulièrement aux vêpres le dimanche à moins d'empêchement légitime ; ils assisteront à la messe les jours de la semaine, quand ils en trouveront le loisir.

Cambrai, le 2 Juillet 1874.

VU ET APPROUVÉ. :

B. BONCE, Vic. gén.

CONFRÉRIE DU St-SACREMENT

Confrères

Désiré VANLERBERGHE
Henri MINNE
Louis STERCKEMAN
Justin COURTOIS
Henri DECLERCK
Auguste KERLEU
Alexandre KERLEU
Louis GAYMAY
Jules BÉCUE
Albert BECUE
Stanislas BÉCUE

Consœurs

Hélène DEWAELE
Marie DEWAELE
Mathilde PARÉNADA
Sidonie PATEYN
Fidélia DEVEYER
Suzanne DEVEYER

Lucie OUDOIRE
Sidonie VERMELLE
Léonie DUBRULLE
Philomène SANTRAIN
Pélagie DECLERCK
Julie DIGEON
Marie KERLEU
Rosalie STERKEMAN
Stèphanie CHEVALIER
Juliette VANLERBERGHE
Lucie SMAGGHE
Philomène VERQUÈRE
Sophie VERQUÈRE

LE ROSAIRE

> Celui qui persévère dans la pieuse pratique du rosaire, sera préservé des flammes éternelles de l'enfer.

- Le Rosaire se compose des plus belles prières de l'Église.

La confrérie du Rosaire, est très féconde en fruits de salut, et les conditions en sont très faciles à remplir.

Pour être membre de la confrérie, une seule condition est requise : il faut avoir été reçu dans la confrérie et avoir son nom inscrit sur le registre de ladite confrérie. Cette inscription semble obligatoire sous peine de nullité.

Pour jouir de tous les privilèges, et gagner toutes les indulgences attachées à cette dévotion, on doit :

1° Se servir d'un chapelet bénit ;

2° Réciter une fois par semaine le Rosaire,

c'est-à-dire trois chapelets, en méditant en même temps sur les quinze mystères.

Afin d'en faciliter le souvenir, nous les reproduisons ici avec le fruit et les vertus qui découlent de la considération de chacun, et les intentions proposées à la piété des fidèles.

FRUITS, MYSTÈRES & INTENTIONS

Mystères joyeux

Annonciation.	Conformité à la volonté de Dieu.	*Les infidèles.*
Visitation.	Charité envers le prochain.	*Les mères de famille.*
Nativité de N. S.	La pauvreté.	*Les enfants.*
Présentation.	L'obéissance, et l'humilité.	*Les prêtres.*
Recouvrement de N.-S. au Temple.	Le zèle.	*Les éducateurs.*

Mystères douloureux

Agonie de N.-S.	La contrition.	*Les âmes tentées.*
Flagellation.	Mortification des sens.	*Les pécheurs endurcis.*
Couronnement d'épines.	Mortification de l'esprit.	*Ceux qui gouvernent.*
Portement de la Croix.	La patience.	*Ceux qui souffrent.*
Crucifiement.	La persévérance par la mort à soi-même.	*Ceux qui meurent.*

Mystères glorieux

Résurrection.	La foi et la vie surnaturelle.	*Les impies.*
Ascension.	L'espérance et le détachement.	*Les religieux.*
Descente du St-Esprit sur les apôtres.	La force et l'amour de Dieu.	*La sainte Eglise.*
Assomption.	L'union avec Dieu.	*Les âmes du Purgatoire.*
Couronnement de la Ste V. au ciel.	La dévotion à la Sainte Vierge.	*La Patrie.*

PROCÈS-VERBAL

de l'Érection de la Confrérie du Rosaire

à Sercus

Nous, Père C. Bernard Nicolas, de l'Ordre Sacré des Frères Prêcheurs, autorisé par le Révérend Père Etienne Le Vigoureux, Prieur du couvent de Lille, dans la circonscription duquel est située la présente église de Sercus, avons institué et érigé la Confrérie du Très Saint Rosaire de la Bienheureuse Vierge Marie dans l'église de Saint-Érasme dudit Sercus, au nom du Révérendissime Maître Général de l'Ordre des Frères Prêcheurs, et avec approbation de Mgr Duquesnay, ordinaire des lieux susdits.

Nous déclarons cette Confrérie érigée et instituée, et nous lui conférons la pleine participation de tous les privilèges, grâces et indulgences accordées à celles qui existent

M. l'Abbé George

dans nos propres églises. Nous protestons néanmoins que si les Pères Dominicains venaient à s'établir dans ce lieu de Sercus, la présente Confrérie érigée par nous, serait de plein droit transférée avec ce qui en dépend, dans l'église de leur Ordre. Nous protestons que les statuts et règlements de la Confrérie devront être observés particulièrement en ce qui concerne la récitation publique du Rosaire, la procession de chaque premier dimanche du mois, et la solennisation de la fête du Rosaire, suivant l'exposé de l'ordre et de l'église. Nous protestons également que le Révérendissime Maître Général de l'Ordre des Frères Prêcheurs se réserve le droit de supprimer la confrérie érigée par nous en son nom, si ses membres venaient à négliger les statuts et règlements salutaires qui en font la vie.

En foi de quoi nous avons signé, et avec nous M. l'abbé Ch. L. Cornette, curé de Sercus.

Fait à Sercus, le 23 du mois de décembre de l'an de grâce mil huit. cent quatre-vingt-trois.

Ch. L. CORNETTE,   F. BERNARD-NICOLAS,

Curé de Sercus.   *des Fr. Prêcheurs,*
Prieur et Directeur du Rosaire.

CONFRÉRIE DU ROSAIRE

La confrérie du Rosaire a été érigée à Sercus le 23 décembre 1883 par le Révérend. Père Nicolas, des Frères Prêcheurs.

Confrères

Louis STERCKEMAN.
Henri VERSTRAET.
Auguste VERSTRAET.
Emile VERSTRAET.
Albert VERSTRAET.
Henri DECRETON.

Désiré VANLERBERGHE.
Justin VANLERBERGHE.
Alexandre KERLEU.
Louis GAYMAY.
Henri DECLERCK.
Alexandre VANBELLE.
Emile BULTEL.
Adoplhe HUYSSEN.
Jules ROYE.
Léon COURTOIS.
Auguste CABARET.
Charles PATTEYN.
Jules HERNUE.

Goesten en koleuren, zi willen niet betwist zyn.

In verlustingen is de kuisscheid in gevaar; In rykdommen, de ootmoedigheid ; in bezigheden de godvructigheid, in het welspreken, de waarheid. In deze wereld, de liefdadigheid.

H. Bernardus.

Consœurs

Lucie OUDOIRE.
Stéphanie CHEVALIER.
Nathalie VERSTRAET.
Marie VANLERBERGHE.
Philomène SANTRAIN.
Marie OUDOIRE.
Sidonie VERMELLE.
Philomène VERQUÈRE.
Nathalie DEWAELE.
Julienne VANBELLE.
Marie QUERLEU.
Léonie DUBRULE.
Marine VANBELLE.
Sidonie PATTEYN.
Sophie CABARET.
Lucie CABARET.
Sidonie WILLAIN.
Zoé CALONNE.
Hélène MORDACQ.
Élise WILLAIN.
Mélanie FOURNIER.

Rosalie STERCKMAN
Pélagie DECLERCK
Nathalie ASSEMAN
Gabrielle GAVORY.
Clémence BOGAERT.
Hélène BECUE.
Gabrielle DECLERCK.
Léonie MACKER.
Lydie DERAM.
Emma BÉCUE.
Angèle BÉCUE.
Berthe BÉCUE.
Gabrielle MACKRÉ.
Marthe COURTOIS.
Caroline LEVÊQUE.
Lucie SMAGGHE.
Léonie SAVAETE.
Victoria BAES.
Marie BULTEL
Reine MORDACQ.
Octavie VERHAEGE.
Hélène OMARE.
Hélène SAINS.

RÈGLEMENT
de la Confrérie de Saint-Erasme.

1° La Confrérie de Saint-Erasme est établie dans l'église de Sercus. Elle a pour objet d'honorer le patron de la paroisse et de mettre tous les paroissiens sous sa protection d'une manière toute spéciale.

2° Elle se compose de tous les paroissiens sans exception. Les Membres du Conseil de fabrique remplissent les fonctions de Président, de Secrétaire, de Trésorier et d'Assistant.

Elle a pour Directeur spirituel, M. le Curé de Sercus.

3° Les associés s'engagent dans la mesure du possible à s'unir dans un même esprit de famille paroissiale autour de leur patron, à célébrer sa neuvaine avec piété et à s'approcher des sacrements à cette occasion.

4° Les confrères s'efforceront d'assister en grand nombre à la messe qui sera célébrée pour eux pendant la neuvaine.

5° Les confrères qui paieront, une fois, la somme de 5 fr. ou annuellement une somme de 0,25, auront une messe avec office, la semaine qui suivra leur mort.

6° Tous les ans pendant la neuvaine, un service spécial sera chanté pour les confrères défunts.

Fait à Sercus le 14 Février 1902.

E. Descamps.   Sockeel Ch.
L. Sterckeman.   D. Vanlerberghe.
C. Querleu.   J. Courtois.

Vu, approuvé, loué,
Cambrai, le 14 février 1902,

Em. LOBBEDEY,
V. G. Archidiacre

Selon la formule ci-jointe.

DECRETUM

Erectionis Piæ Sodalidatis

ARCHIDIÆCESIS
CAMERACENSIS

—

Stephanus Maria Alphonsus Sonnois, Miseratione divinâ et Sanctæ Sedis Apostolicæ gratia, Archiepiscopus Cameracensis.

Dilecto nobis in Christo Magistro Æmilio Descamps, in Sercus Parocho, Salutem et Benedictionem in Domino.

Cum nobis exposueris, ad fovendam Christi fidelium pietatem, Tibi maxime in votis esse ut in Ecclesiâ sancti Erasmi in Sercus, Diæcesis nostræ pia instituatur sodalitas sub titulo et invocatione sancti Erasmi, — Nos pietati tuæ libentissime annuentes, præsentibus hisce litteris dictam piam sodalitatem in præfatâ ecclesiâ — servata Constitutione Clementis Papæ VIII fel. rec. cujus initium : quæcumque, ordinaria qua pollemus auctoritate approbamus, erigimus et constituimus,

TABLEAU DES ADORATEURS DU SAINT-SACREMENT

ADORATION PERPÉTUELLE du 9 JUIN

De 6 à 7 h.	Louis Sterckeman.	Elie Deram.	Auguste Santrain.	Louis Gaymay.	Adrien Paepe.
De 7 à 8 h.	Henri Verstraet.	François Rose.	Auguste Chevalier.	Emile Bultel.	Léon Desoutter.
De 8 à 9 h.	Louis Verhille.	Clément Cousyn.	Jules Roy.	Alexandre Vanbelle.	Léon Verhaeghe.
De 9 à 10 h.	Charles Wyart.	Léon Courtois.	Henri Huyghe.	Constant Sockeel.	Adolphe Huyssen.
De 10 à 11 h.	Monsieur le Maire.	Monsieur l'Adjoint.	Charles Querleu.	Désiré Vanlerberghe.	Auguste Cabaret.
De 11 h. à midi.	Alfred Decouvelaere.	Auguste Mervaille.	Constant Vanlerberghe.	Gustave Sockeel.	Emile Verstraet.
De midi à 1 h.	Emile Gavory.	Joseph Deman.	Charles Patteyn.	René Deram.	Léon Deveyer.
De 1 à 2 h.	Henri Declerck.	Auguste Verstraet.	Jérome Verhille.	Emile Gouillard.	Henri Bécue.
De 2 à 3 h.	Gustave Rauwel.	Benjamin Desoutter.	Justin Vanlerberghe.	Fortuné Deman.	Albert Bécue.
De 3 à 4 h.	Jules Bécue.	Louis Huyghe.	Jules Hernu.	Théophile Oudoire.	Albert Verstraet.
De 4 à 5 h.	Alfred Bécue.	Louis Cousyn.	Amand Denaes.	Henri Bultel.	Léon Santrain.
De 5 à 6 h.	Jules Mordacq.	Gustave Wiels.	Henri Bels.	Prosper Gavory.	Elie Cabaret.

Loué, adoré, remercié soit à jamais Jésus-Christ au saint Sacrement de l'autel!

eamque plurimum in Domino commendamus.
Ad regendam vero prædictam sodalitatem
juxta statuta a Nobis approbata, Te tuosque
in munere successores deputamus et constituimus.

Datum Cameraci, die decimâ quartâ mensis
februarii ; anno 1902.

Vi delegationis specialis :

Em. LOBBEDEY, v. g.

*De mandato Illustrissimi et Reverendissimi
Domini Archiepiscopi Cameracensis,*

H. CARLIER, secr.

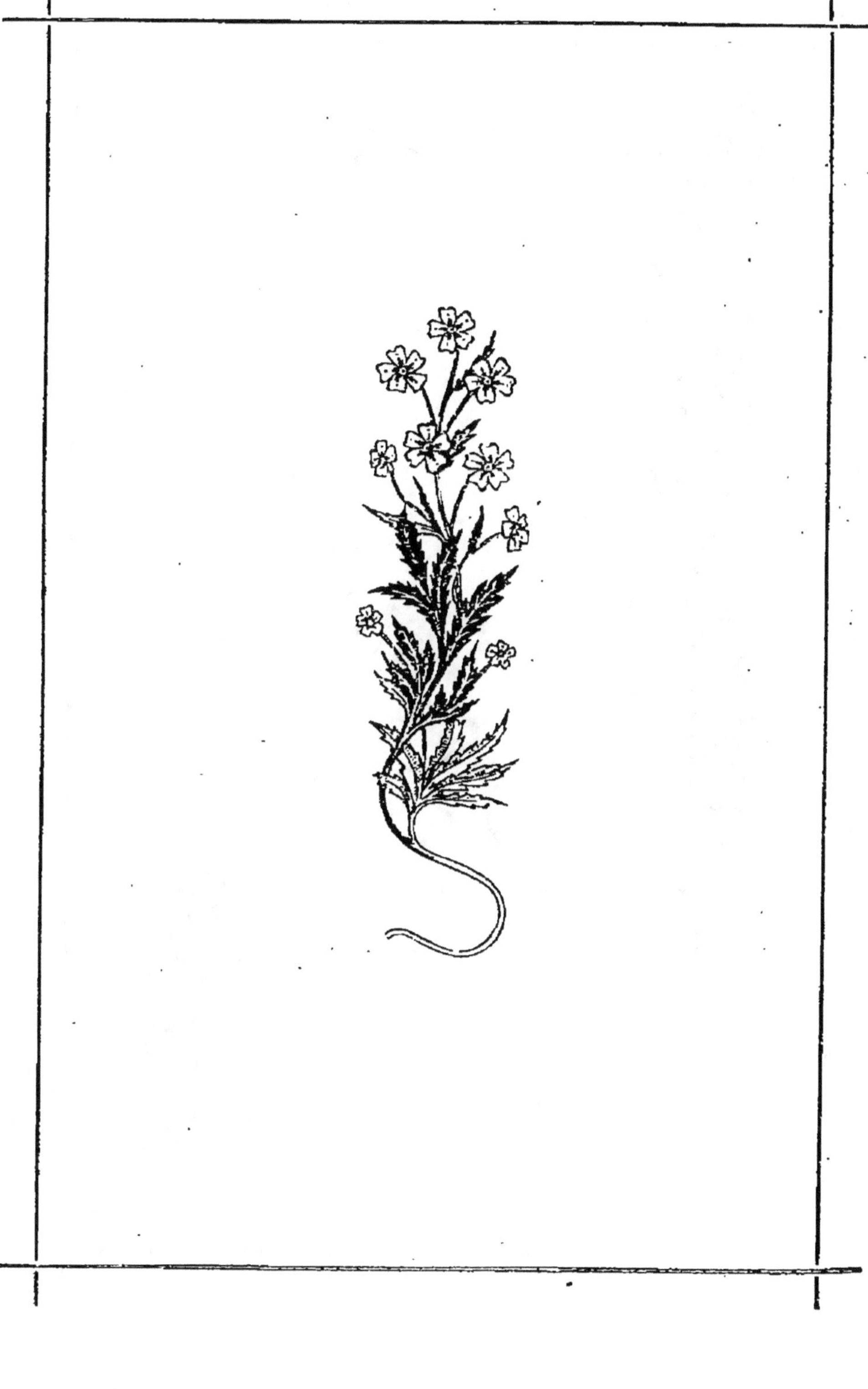

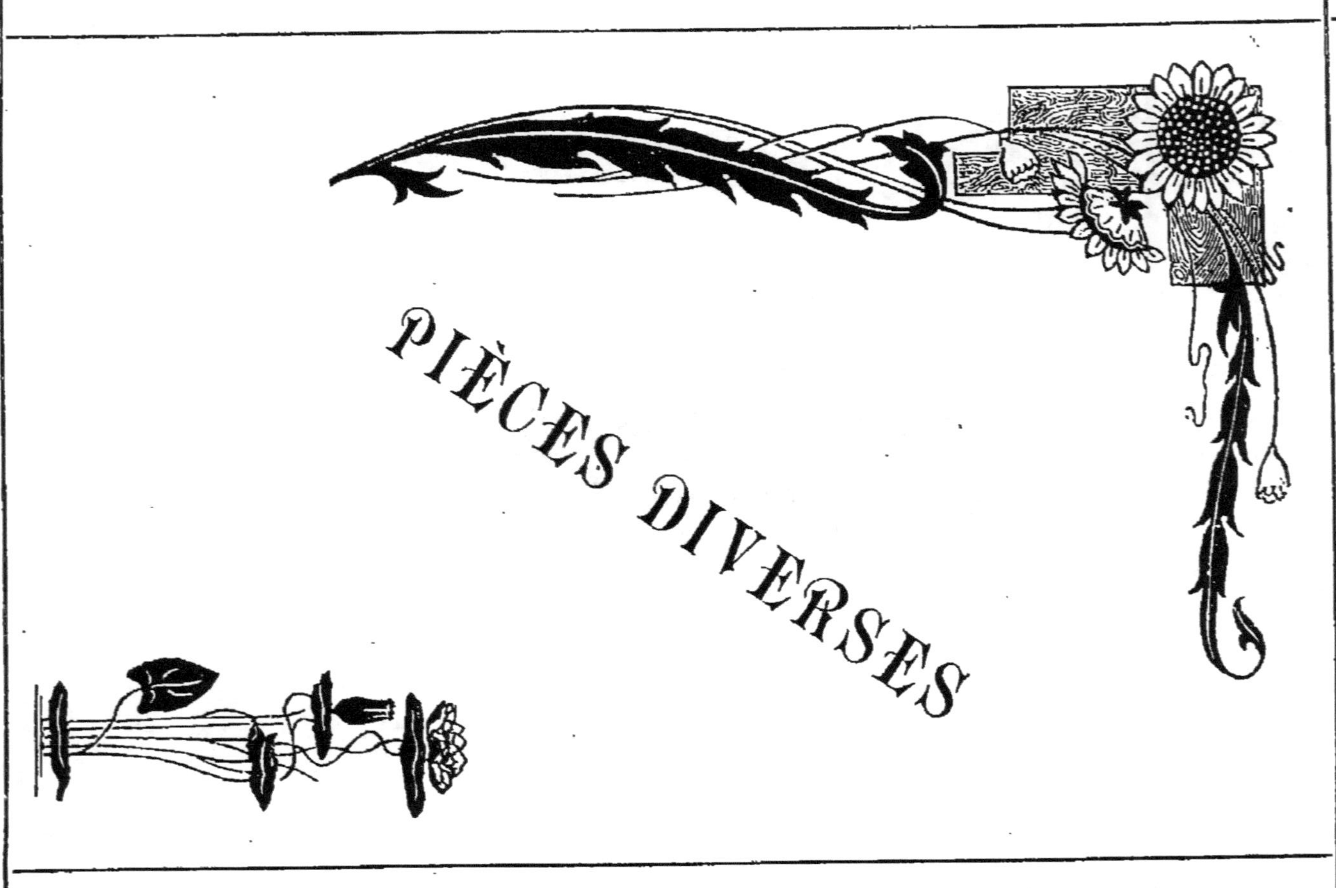

PIÈCES DIVERSES

PIÈCES DIVERSES

PIÈCES à FOURNIR pour le MARIAGE

1° Certificat de publication de bans, pris dans chaque paroisse où les publications ont été faites.

2° Un acte de l'extrait de baptême.

3° Un billet de confession, si on ne s'est pas confessé au prêtre qui célèbre le mariage.

4° Un certificat de la mairie.

HEUREUX ANNIVERSAIRES

	DE L'ÉPOUX	DE L'ÉPOUSE
1. Baptême		
2. Première Communion		
3. Confirmation		
4. Mariage		
5. Fête patronale		
6. Fête patr. du père		
7. Fête de la mère		

NOMS DES ENFANTS	Date du Baptême	1re Communion

RÈGLEMENT DE SONNERIE
pour les services, rédigé par le Conseil de fabrique
et approuvé par lui
en session ordinaire de Quasimodo
l'an 1894.

Service Solennel. — On sonne chaque volée avec les deux cloches, une demi-heure, première volée au trépas ; — 4 volées la veille de l'inhumation ; — 5 volées au jour de l'inhumation : *a*) 2 heures avant le service ; *b*) une heure avant la messe ; *c*) au départ de l'église ; *d*) à l'offrande de la grand'messe ; *e*) à la sortie de l'église.

1ᵉʳᵉ Classe, à 10 heures. — Les mêmes volées pendant une demi-heure avec une cloche.

2ᵐᵉ Classe, à 9 1/2. — Les volées durent 20 minutes. En tout 7 volées : une volée au trépas ; — deux la veille de l'inhumation ; quatre au jour de l'inhumation : — *a*) une heure avant le départ de l'église ; *b*) au départ de l'église ; *c)* à l'offrande ; et *e)* à la sortie.

3me Classe, 9 heures — Les volées sont d'un quart d'heure. 7 volées : une au trépas : — deux, la veille de l'inhumation ; — quatre au jour de l'inhumation ; — *a)* une demi-heure avant le départ ; *b)* au départ; *c)* à l'offrande ; *d)* à la sortie.

4me Classe, 8 heures. — Les volées sont d'un quart d'heure. 5 volées : une volée au trépas, d'un quart d'heure ; — les 4 volées du jour de l'inhumation, volées de 10 minutes.

> *Approuvé par le Conseil de fabrique.*
> Ch. SOCKEEL *Président.*

EXTRAIT

DU

TARIF DIOCÉSAIN DE CAMBRAI

indiquant le tarif des services religieux à Sercus

Recommandations aux prières annuelles pour les trépassés, aux vêpres du dimanche. 5 francs.

M. C. SOCKEEL

Président des Marguilliers

TABLEAU des Fondations de l'église de Sercus et Réductions approuvées le 11 février 1902

Noms des Fondateurs, dates des Fondations et de l'Autorisation	Revenu annuel en rentes sur l'Etat	Charges consistant en messes chantées avec office et recommandations	Réductions proposées	Colonne réservée à l'autorité diocésaine
Jeannes FONTAINE et Isabelle BERTELOT *fondateurs* Fondation autorisée par ordre royal le 10 Mai 1843	10 fr. 30	Deux messes chantées avec office . . . . 10.30 Deux recommandations . . 10.00 20.30	Supprimer les messes ou les recom- mandations	Deux messes chantées avec office 10.30
Louis VERSTRAET Constant VERSTRAET *fondateurs* François VERSTRAET Fondation autorisée par arrêté préfec- toral du 4 Mars 1880	8 fr. 90	Une messe chantée avec office . . . . 5.15 Trois recommandations . 15.00 20.15	Supprimer les recom- mandations	Une messe de 5ᵉ classe . . 3.00 Recommandation collective . 5.00 8.00
Louis DEVOS *fondateur* Fondation autorisée par décret du 2 Août 1891	43 francs	Deux messes chantées avec office . . . . 10.30 Cinq recommandations . . 25.00 Distribution aux pauvres . 24.00 59.30 Entretien de la chapelle de N.-D. de la Salette.	Supprimer les recom- mandations	2 messes chantées de 4ᵉ classe 9.10 2 distributions aux pauvres à 12 francs . . . . 24.00 Recommandation collective . 10.00 43.10

Fait à Sercus le 6 février 1902

E. DESCAMPS,
CURÉ

Vu et approuvé :
Vi indulti apostolici
Cambrai, le 11 Février 1902
A. MASSART, v. g.

Recommandations aux messes, chaque recommandation 0, fr. 15 centimes

	Solennel	Première Classe	Deuxième Classe	Troisième Classe	Quatrième Classe	
Services Cire Prêtres-Assistants	426 fr. 28 kil. 2	238,95 15 kil. 2	101 fr. 7 kil. «	50 fr. 3 kil. «	20,35 1/2 kil «	10 fr. 1/4 kil «
Mariages	94,50	70,50.	26 fr.	16.50	10,05	7,50

Avec le tapis 20 francs en plus.

	Solennel	Première Classe	Deuxième Classe	Troisième Classe	Quatrième Classe	
Services aux enfants	96,75	53,50	36,80	17,10	9 fr.	5,75
Messes chantées		25 fr. 2 prêtres assistants	13,50	8,50		
Saluts					2,90	
Litanies					1 fr.	
Antiennes					1 fr.	

HEURES DES MESSES

Pendant la semaine

La messe est dite à 7 heures du matin, depuis le 1er avril jusqu'au 1er octobre.

A 7 heures et demie, du 1er octobre au 1er avril.

Les dimanches et grandes fêtes

1er Novembre	Première messe à 8 heures. Grand'messe à 10 heures 1/2.
1er Mars.	Première messe à 7 heures 1/2. Grand'messe à 10 heures.
1er Avril.	Première messe à 7 heures. Grand'messe à 10 heures.
1er Octobre.	Première messe à 7 heures 1/2. Grand'messe à 10 heures.

Les dimanches et grandes fêtes, les messes et les vêpres sont annoncées : par la volée, une heure avant les offices ; par le tintement, une demi-heure avant les offices ; et une dernière volée de dix minutes.

Pendant la semaine. On tinte dix minutes et on sonne une volée de dix minutes pour les messes chantées.

On tinte vingt minutes pour les messes basses.

Pour les saluts, on tinte dix minutes et on sonne une volée de dix minutes.

RÉGLEMENT ET TARIF
DES CHAISES

I. Les chaises sont régies par la fabrique.

II. Les abonnements sont personnels et facultatifs. Ils sont fixés à 2 fr. par an et sont perçus en janvier, à la sacristie ou à domicile.

III. Les prix des chaises pour ceux qui ne sont pas abonnés, est fixé comme il suit :

Les dimanches et les fêtes commandées il sera perçu : à la messe, 0,03 ; aux vêpres, 0,02.

Aux mariages solennels,   0,05
Aux premières classes,   0,05

Aux services solennels,   0.05
Aux premières classes,   0,05
Aux autres classes et enterrements,   0,05
Aux obits et messes qui n'ont pas
    lieu à l'heure ordinaire des messes, 0,02.
*A la première communion, à Pâques, à la
    Pentecôte, à l'Adoration, à l'Assom-
    tion, à la Toussaint et à la Noël. Aux
    messes et vêpres,*   0,05.

Tarif établi, approuvé et signé par tous les membres de la fabrique, à la date du 1er avril 1901.

Charles SOCKEEL, *président*,
Louis STEERCKEMAN, *trésorier*,
Justin COURTOIS, *maire*.
Ch. QUERLEU,
Désiré VANLERBERGHE,
Benjamin DESOUTTER,
E. DESCAMPS, *curé, secrétaire*.

SERVICES RELIGIEUX EN 1900

Messes Chantées 4ᵉ classe		Services	Cires revenant à la fabrique	Mariages
		3ᵉ classe 9 50	10 »	1 mar. 4 »
Janvier	17	4ᵉ » 1 75	1 »	
		2ᵉ » 9 50	10 »	
		3ᵉ » 4 50	4 »	
Février	14	5ᵉ » 0 45	0 25	1ʳᵉ cl. 12 »
Mars	24			1ʳᵉ » 12 »
				28 »
Avril	13	2ᵉ » 9 50	10 »	
Mai	11	3ᵉ » 4 50	4 »	
Juin	23			
Juillet	12			1 messe an-
Août	5			niversaire
				3 50
Septembre	3	2ᵉ » 9 50	10 »	1 messe
Octobre	15			chantée de
				3ᵉ cl. 3 »
Novembre	22	5ᵉ (enfant) 1 25	0 25	6 50
		5ᵉ classe 1 75	0 25	
Décembre	23	5ᵉ » 1 75	0 25	
Total...181		52 95	50 »	

181 messes chantées . . .	181	»
11 services.	53	95
Cire	50	»
Mariages.	28	»
2 messes chantées. . . .	6	50
Total général...	319	45

SERVICES RELIGIEUX EN 1901

Messes Chantées 4ᵉ classe		Services	Cires revenant à la fabrique	Mariages
Janvier	16	2ᵉ classe 9 50	10 »	
Février	19			
Mars	17			
		2ᵉ » 9 50	10 »	7 »
Avril	6	1ᵉ » 20 »	20 »	1 50
		4ᵉ » 1 75	1 »	
Mai	15			
Juin	19			
Juillet	6			
Août	4	2ᵉ » 9 50	10 »	
Septembre	7			
Octobre	28			
Novembre	22	4ᵉ » 1 75	1 »	
Décembre	22			
Total...184		52 »	52 »	8 50

184 messes chantées de 4ᵉ classe.   184   »
5 services   52   »
Cires revenant à la fabrique . .   52   »
2 mariages : 8 50

TOTAL GÉNÉRAL...   **296,50**

COMPTE-RENDU GÉNÉRAL
des Recettes et Dépenses paroissiales
de Sercus depuis 1894

*Recettes et Dépenses hors budget autorisées
par M. Sockeel, président de la Fabrique.*

EGLISE

Recettes accusées . . .	11,773.50
Recettes anonymes. . .	8.054.47
TOTAL DES RECETTES	19,827.97
Dépenses justifiées par factures . .	19.827.97
Balance.	

PRESBYTÈRE

Recettes	commune . .	3,000.00
	F. Dutoict. .	3,000.00
	X.	5,787.30
		11,787.30
Dépenses.		11,787.30
Balance.		

TOTAL GÉNÉRAL . . . 31,615.27

Sercus, le 1er Janvier 1902.

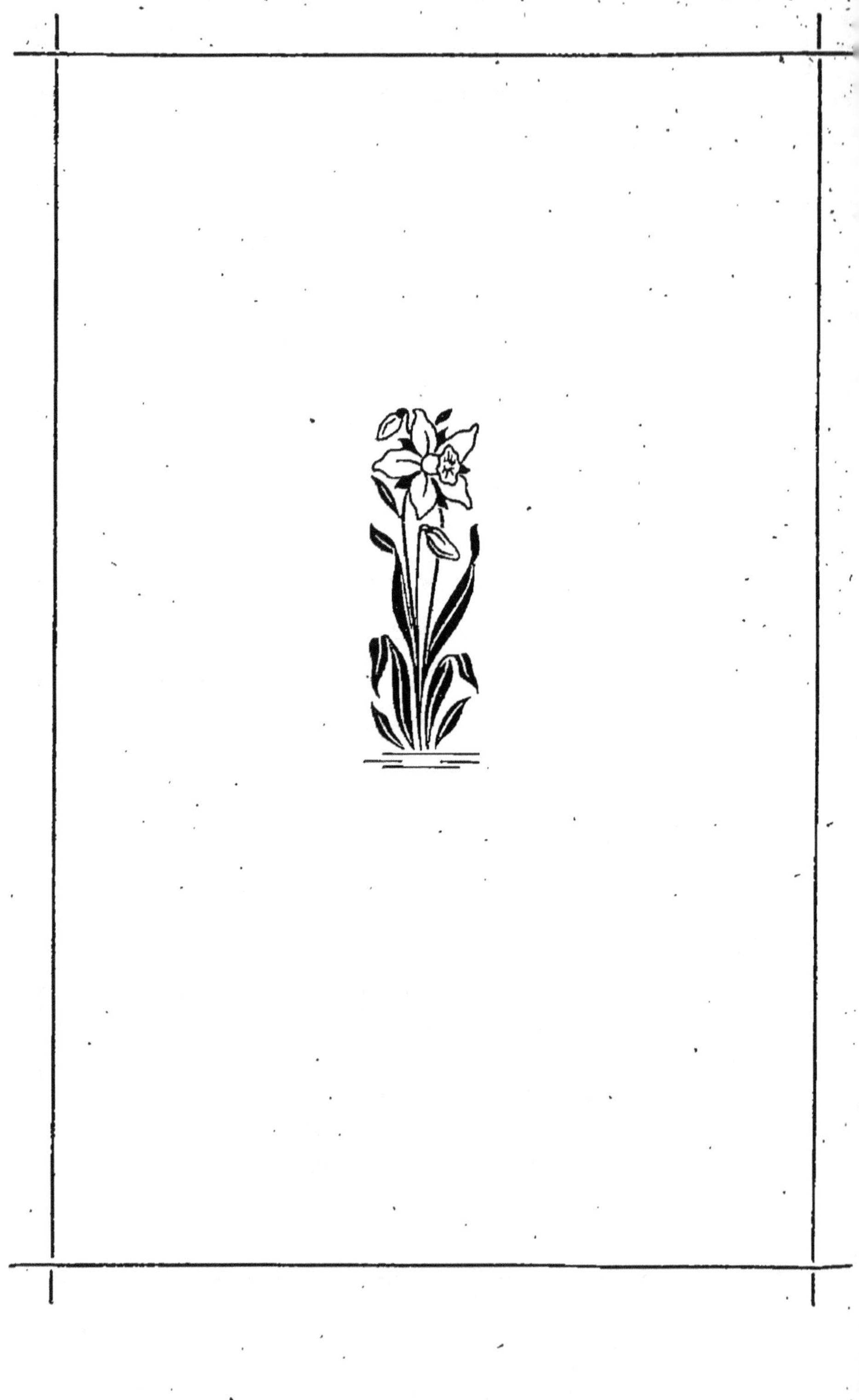

UNE FÊTE

RELIGIEUSE

à

SERCUS

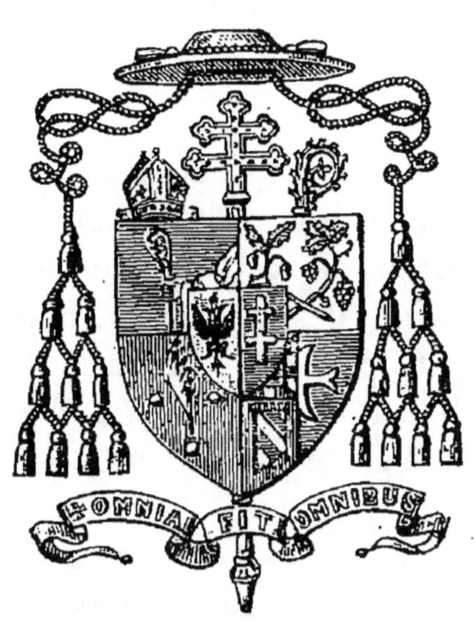

UNE FÊTE RELIGIEUSE A SERCUS

—

ONSEIGNEUR Sonnois, archevêque de Cambrai est venu à Sercus une première fois en 1894, accompagné de M. le Vicaire général Pruvost, se dérangeant dans son itinéraire de confirmation de Rénescure à Steenbecque.

Il est revenu en 1897, jeter un coup d'œil sur le nouveau presbytère.

En 1900, Sa Grandeur nous a fait une troisième et longue visite. Monseigneur a donné à Sercus le sacrement de confirmation aux enfants des paroisses de Blaringhem, de Wallon-Cappel et de Sercus.

Les habitants de la paroisse avaient voulu faire à Monseigneur une réception triomphale. Ils y réussirent, grâce aux largesses royales de la famille Du Toict. Quarante cavaliers habilement dirigés par M. Jules Verstavel, groupés autour du drapeau vaillamment porté par M. Constant Sockeel, se portèrent au devant de Sa Grandeur jusqu'à mi-route d'Hazebrouck et lui firent escorte jusqu'au village. Les rues, la place, l'église, tout était richement pavoisé sur une étendue de plus de 600 mètres. A l'entrée de la paroisse se présentait le chronogramme suivant :

HOOGWEERDIGE BISSCHOP WY WENSCHEN U
WELLEKOM IN ZERKELE

Éminent Prélat, nous vous souhaitons la bienvenue à Sercus.

A 200 mètres du village, en pleine campagne, on lisait :

MONTES NECNON COLLES, CANTATE DEO
HOSANNA

Monts et collines chantez un hosanna à Dieu.

En face de la mairie :

ECCE OMNES CONCORDES

Votre peuple de Sercus ne forme qu'un cœur et qu'une âme.

Au presbytère :

ÆC CORDA AMORE CONSECRAS

Votre amour pour nous attache nos cœurs à vous pour jamais.

A la porte de l'église :

PIUS ANGELUS CAMERACENSIS BEATUS
PERPETUUS QUE VIVAT
ZERKHUIS BENEDICENS

Qu'il vive toujours heureux, l'ange de Cambrai qui daigne nous bénir !

Monseigneur descendit au presbytère ; les autorités locales lui présentèrent leurs hommages et l'on se rendit à l'église. Sa Grandeur invita M. le Curé à lire son compte rendu.

Nous le reproduisons ici, parce qu'il est un compendium des résultats obtenus dans la paroisse pendant six ans, de 1894 à 1900. S'il doit être conservé, c'est parce qu'il est pour Sercus la louange la plus méritée.

« MONSEIGNEUR,

»Votre Grandeur n'éprouve-t-elle pas une douce émotion en voyant que sa main bénissante a pleinement réalisé parmi nous cette maxime de nos Livres saints : *Benedictio Patris firmat domus filiorum*. Monseigneur, vous nous avez fait l'honneur d'une première visite en 1894, peu de jours après m'avoir confié la religieuse paroisse de Sercus. Le délabrement de l'église et du presbytère avait ému votre cœur avant même que notre impuissance eut imploré votre secours.

» Grâce à vos sages avis, il fut décidé de construire un nouveau presbytère, l'ancien n'étant plus habitable et ne supportant plus de réparations. Il fallait beaucoup d'argent et de nombreuses autorisations. Votre apparition au milieu de nous, vos conseils et votre influence rassurèrent la municipalité et nous valurent les faveurs de la famille Du Toict. Votre bénédiction fut la source de généreuses et puissantes sympathies, et bientôt nous eûmes une maison digne de vous, Monseigneur, et de votre beau diocèse.

»En 1897, Votre Grandeur daigna se détourner de nouveau de son itinéraire pour voir son bon peuple de Sercus. Elle approuva la disposition du presbytère, et ayant appris que la commune désirait conserver la vieille église, contrairement à nos vœux, elle en vit commencer la restauration, nous exhorta à la poursuivre avec patience et pour encouragement nous renouvela sa bienveillante bénédiction avec promesse de revenir dans trois ans.

» Ces trois ans sont écoulés, Monseigneur, et vous ne nous avez pas oublié. Vous êtes venu aujourd'hui, voir et entendre ce que nous avons fait.

»Nous osons croire que vous daignerez prendre intérêt à la lecture peut-être longue de nos modestes travaux et aux noms de nos principaux bienfaiteurs, Ils ambitionnent votre attention comme une digne récompense de leur générosité.

» Les paroissiens désiraient avant tout renouveler le pavement qui n'en avait presque plus le nom. Tous y contribuèrent sans exception. Les riches apportèrent le marbre qui brille et domine. Je ne puis nommer que M. Henri Justice, ancien maire, M. Paul Du Toict, M. Courtois, maire actuel, M. Charles Sockeel, président des marguilliers, les familles Vanlerberghe, Sterckeman, Parenada et Jacquat. Les fermiers en sus de leur offrande firent spontanément les charrois comme ils avaient fait pour le presbytère. Les ouvriers et les pauvres offrirent de grand cœur le

M. l'Abbé **BODDAERT**

sable qui supporte et le ciment qui unit.

Quelques anciennes fenêtres tombaient en ruines. M. Charles de Hèle fit placer dans le chœur un petit chef-d'œuvre en camaïeu, représentant saint Charles Borromée faisant la charité. Mademoiselle Berthe Justice donna le vitrail de Notre-Dame de Lourdes. Les familles Querleu-Fumery, Mordacq-Verstavel, Parenada-Vitse, Costenoble-Omaere donnèrent chacune une fenêtre dans laquelle figure leur nom.

» Les anciens fonts baptismaux n'en avaient même plus l'apparence ; la famille Vermelle les remplaça par une belle pierre de Soignies entourée d'une grille.

» Vers la même date, on construisit un nouveau portail et on restaura le chœur du milieu en lui rendant son état primitif.

» Les vieux autels vermoulus n'étaient plus dignes du culte. Selon l'avis donné par Votre Grandeur en 1897, nous fîmes construire le maître-autel en marbre. Ce furent comme pour le pavement, l'or du riche et la sueur du pauvre qui permirent au zèle du pasteur de l'édifier. Avec la gracieuse autorisation de M. le Vicaire général Lobbedey, la bénédiction solennelle en fut faite en 1898 par M. le Chanoine Lansoy, actuellement archiprêtre de Saint-Omer.

» L'autel de la Vierge est dû en majeure partie à M. Paul Du Toict qui fit restaurer à ses frais par des artistes de Bruxelles le beau tableau de l'Assomption, et contribua à l'encadrer dans le rétable actuel.

» L'autel de notre glorieux patron fut construit avec les longues épargnés des quêtes et des offrandes faites en l'honneur de saint Erasme.

» En cimentant les murs, il avait fallu mettre de côté les statues usées. On était désolé de leur disparition ; mais on les renouvela peu à peu. Chacun voulut donner son saint.

» M. Courtois, maire, donna sainte Brigitte.

» La famille Vanlerberghe, saint Antoine, ermite.

» Les enfants de la première communion

donnèrent Notre-Dame du Rosaire, sainte Apolline, saint Antoine de Padoue.

» Les jeunes filles voulurent donner sainte Catherine, et les jeunes gens saint Nicolas.

» Madame Courti nous offrit saint Expédit.

» Le village tout entier et les environs, moyennant une collecte faite à domicile par les jeunes gens, fournirent la statue de saint Erasme.

» Il manquait à l'église un souvenir de la famille Justice, originaire de Sercus. Mue par un sentiment de délicatesse parfaite, elle fit placer au fond de l'église un monument à Notre-Dame de Pitié, en mémoire de ses père et mère, témoignant à la fois son pieux regret à ses parents décédés et son continuel attachement à la paroisse natale.

» Enfin, depuis 1900, pour montrer combien nous étions heureux de vous recevoir, nous avons agrandi les chœurs et le sanctuaire, placé de nouvelles stalles, peint et et polychromé les murs, et, de concert avec la municipalité aidée des subsides gracieux de l'État et du département, nous avons construit une nouvelle sacristie et rejointoyé partiellement l'extérieur de l'église.

» Cette longue énumération ne vous a point fatigué, Monseigneur, parce qu'elle vous montre une réalisation nouvelle de la parole : *Benedictio patris firmat domos filiorum.* C'est par la vertu de votre bénédiction que notre église a été ornée et raffermie.

» Monseigneur, il est temps de vous parler des âmes. Le tableau doit être court, mais complet. Votre Grandeur me pardonnera si je ne fais que citer : Le bon esprit de la municipalité, l'harmonie religieuse des familles, l'esprit de foi conservé, l'éducation chrétienne des enfants, les catéchismes suivis avec empressement, les premières communions bien faites, le dimanche bien observé, les communions nombreuses et ferventes aux grandes fêtes de l'année, le devoir pascal saintement accompli, la neuvaine séculaire du patron prêchée et suivie depuis cinq ans avec un pieux enthousiasme par les paroissiens et les bons fidèles des environs.

» Toutes ces grandes et belles choses nous en devons la conservation et le développement à votre sollicitude pour nous, mais avant tout à l'auguste bénédiction par laquelle vous affermissez vos familles paroissiales : *Benedictio patris firmat domos filiorum.*

» Monseigneur, avec la mission et le mandat que votre Grandeur m'a confiés, je suis en ce moment la voix de tout votre peuple de Sercus. Vous êtes venu au milieu de nous une troisième fois. Cet éclatant témoignage de bienveillante sollicitude dont nous nous reconnaissons bien indignes, nous récompense de notre bonne volonté.

» Veuillez agréer notre gratitude.

» En reconnaissance, si nous sommes les plus humbles de vos diocésains, nous voulons être les plus attachés et les plus dévoués à votre personne. Nous prions le ciel de vous donner une vie longue et heureuse et un épiscopat fécond et glorieux.

» Daigne Votre Grandeur nous accorder encore sa meilleure bénédiction. Puisse-t-elle sans entraves, comme par le passé, continuer à exciter nos faibles efforts, à stimuler notre zèle pour la maison de Dieu, et à encourager notre amour pour les âmes, jusqu'au complet sacrifice de nous-mêmes.

» Qu'après nous avoir fait embellir nos temples ici-bas, elle nous aide à mériter une belle couronne dans les célestes demeures du Père éternel.»

Monseigneur a répondu dans un langage élevé, il a félicité tous les bienfaiteurs, et en montrant la valeur des églises au point de vue spirituel, il a promis à la popula-qui l'entendait les bénédictions les plus abondantes du ciel. Dieu ne laisse point sans récompense les efforts de tout un peuple pour l'embellissement de sa maison. Les paroles du prélat ont pénétré jusqu'au plus profond des cœurs. L'on était heureux de s'entendre louer par le premier pasteur du diocèse et chacun se promettait de sanc-tifier par une piété nouvelle ce temple heureusement restauré. Après la cérémonie de la confirmation, Mgr l'Archevêque, M. le vicaire général Lobbedey, M. Du Toict, M. Courtois maire, M. Sockeel, président des marguilliers, M. Dezeure, maire de Wallon-Cappel, Mme Dormion, Mlle Joséphine Prévost, MM. les curés de Blaringhem, de Lynde, de Wallon-Cappel et de Looberghe se rendirent au presbytère où un banquet offert par Madame Du Toict les attendait. Le compte rendu de cette belle fête serait incomplet si nous taisions le toast porté à Monseigneur vers la fin du dîner.

« MONSEIGNEUR,

» Si nous sommes sortis, pour ce repas, des bornes de la simplicité prescrites par Votre Grandeur, veuillez nous le pardonner.

» Le menu a été tracé par une main que nous n'avons pas osé contrarier, parce qu'elle a toujours eu le juste discernement des besoins de la paroisse de Sercus depuis notre arrivée ici. Elle n'a eu d'autre but aujourd'hui que de nous aider à recevoir Votre Grandeur plus dignement que nous n'aurions pu le faire nous-mêmes, et à célébrer comme une nouvelle dédicace de notre église restaurée grâce à son puissant concours.

» Monseigneur, permettez-moi de vous remercier de nouveau, au nom de toute la paroisse et de vous exprimer le plus ardent de nos vœux : c'est de vous recevoir comme par le passé tous les trois ans.

» Un évêque a dit que les grands n'ayant besoin de rien sont heureux cependant d'être aimés, et que les petits n'ayant rien à donner pour les bienfaits qu'ils reçoivent peuvent s'acquitter par leur amour.

» Monseigneur, s'il était permis de citer l'Écriture sainte à table, je continuerais le texte commencé ce matin et j'appliquerais au peuple de Sercus cette parole : *natio et obedientia dilectio* ; et je vous dirais : ce peuple est et restera pour vous obéissance et amour.

» Puissent cette obéissance et cet amour vous payer de l'affection que vous nous avez témoignée aujourd'hui.

» Nos devoirs envers la famille Du Toict exigent aussi notre reconnaissance. Nous avons tous vivement regretté l'absence de Madame Du Toict notre infatigable bienfaitrice et nous formons les meilleurs vœux pour le prompt rétablissement de sa santé. Nous prions Monsieur Du Toict de vouloir bien être près d'elle l'interprète des sentiments qui nous animent à son égard, et de dire aussi à la famille de Hèle que nous regrettons de ne pas voir à cette fête, combien son souvenir nous est cher et comment nous associons toujours dans nos pensées et nos prières les deux noms Du Toict et de Hèle.

» Permettez-moi, Monseigneur, en terminant, de vous demander une bénédiction toute spéciale, non plus pour nous, mais pour la jeune et généreuse marraine de nos enfants de la Confirmation. Que votre bénédiction augmente le bonheur qu'elle entrevoit dans une union prochaine. Mademoiselle Du Toict la demande humblement pour elle et son fiancé. »

Monseigneur a répondu par des paroles pleines de bonté. Après avoir remercié de nouveau nos bienfaiteurs, il a adressé ses meilleurs souhaits de bonheur à Mademoiselle Fernande Du Toict qui avait laissé un souvenir spécial à chacun de ses nombreux filleuls.

Les instants s'envolaient avec rapidité. Monseigneur devait donner la Confirmation à Ebblinghem à 4 heures. Il quitta le presbytère pour prendre sa voiture, mais à la vue de l'immense foule accourue pour lui faire ses adieux, il s'en alla à pied jusqu'au bout de la place, adressant un mot de satisfaction à chacun, bénissant les enfants, prenant plaisir à admirer les magnifiques décorations. Nous nous inclinâmes une dernière fois sous sa bénédiction. Il monta en voiture, les chevaux se mirent en route et une universelle clameur de : Vive Monseigneur ! lui porta avec le cri de nos âmes le dernier vœu de nos cœurs.

Depuis lors, les habitants de Sercus aiment à parler de ce beau jour. Ils sont justement heureux de l'intérêt que leur a témoigné leur archevêque et le réjouissent de leur mieux par leur attachement à la foi de leurs pères et leur docilité à suivre ses sages conseils. Leur église est leur unique joyau. Leur vie s'écoule calme et tranquille, loin des vains bruits et des plaisirs dangereux. Ils prient souvent pour leurs bienfaiteurs, ils sont fiers de leur illustre patron, caressent son souvenir et célèbrent pieusement sa neuvaine. Mais ils souhaitent une chose encore ; ce n'est qu'au ciel que tous les vœux sont satisfaits ; aimant à chanter les cantiques de saint Erasme, ils rêvent d'entendre souvent l'écho du refrain suppliant composé en son honneur, et s'ils le pouvaient, ils formeraient de leurs prières et de leurs vœux un concert mélodieux, un joyeux carillon, qui, du haut de la vieille tour, redirait à toutes les heures et chanterait au quatre vents du ciel cette invocation privilégiée :

Habitant du grand ciel, hôte du divin Maître, Protégez-nous, Défendez-nous.

Leur prière, toute puissante jusqu'ici, réalisera sans doute ce pieux désir.

De vlyt woord ryk beloont.
Le zèle est richement récompensé.

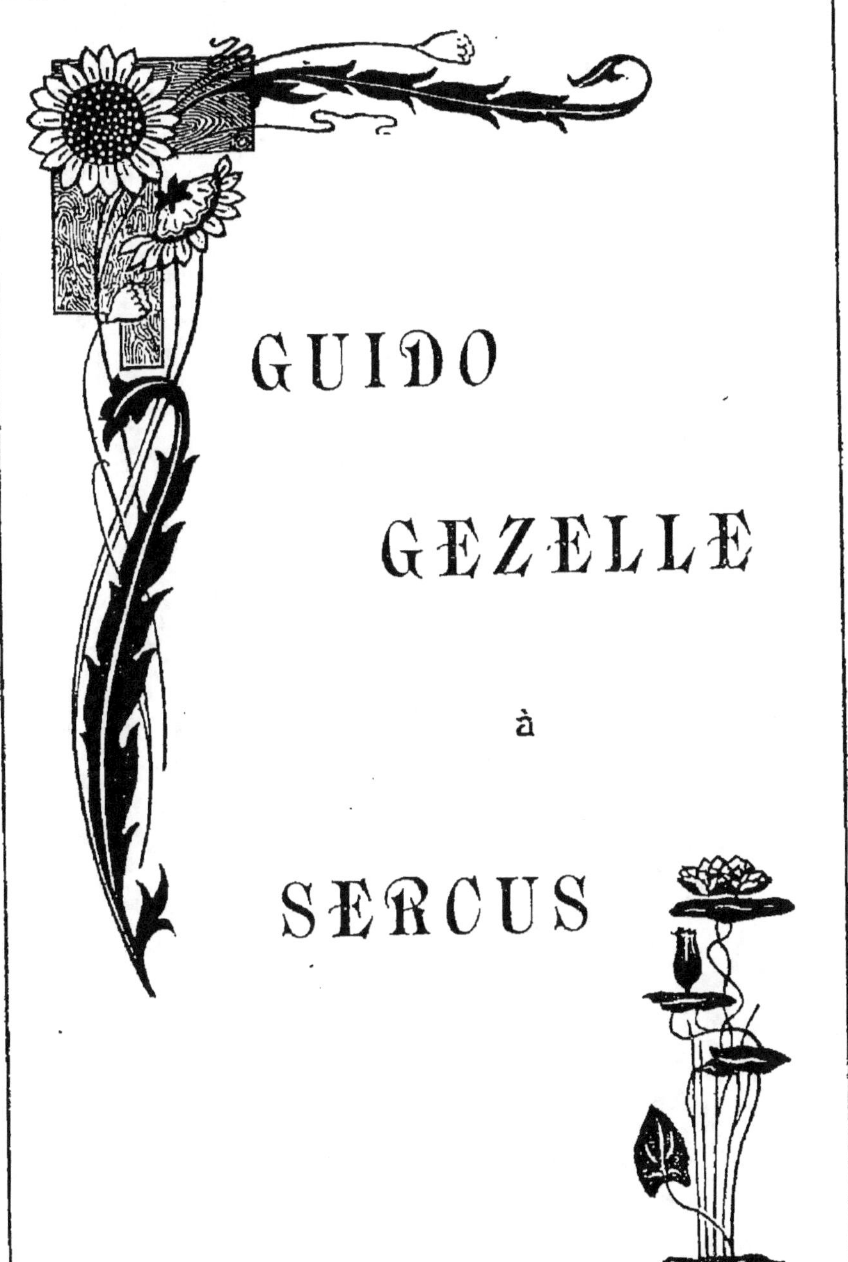

GUIDO

GEZELLE

à

SERCUS

GUIDO GEZELLE A SERCUS

UIDO Gezelle, le plus grand poète flamand du XIXe siècle, est venu à Sercus
en 1899. Il a été témoin de quelques exercices de notre neuvaine et a écrit en flamand,
le récit de son excursion. Cet homme s'assi-
milait avec une facilité merveilleuse tous les
idiomes qu'il rencontrait. On jugera par les
pages qui suivent, de la fidélité de sa mémoire et de la souplesse de sa plume.

Daar was ne keer eene Mevrouwe, en
die Mevrouwe hadde ne kneckt, die jan
Sercu het, voor zynen name.

Nu, keñ weet niet warom, maar die name en gereide Mevrouwe nie te best, by zoo verre, als ze van heur en knecht sprak, en meer zei als « Jan » dat ze de gewooute opgenomen hadde van te zoggen « Jan of Jean Lafleur. »

Welm, die Jean Lafleur, vroeger Jan Sercu, nog vroeger Jan de Sercu, moet vroegst van al, (of een van zyne voorouders toch) Jan of Pier of Claei van serckel of van zurckel geheeten Lebben, zoo 't verder bly ken zal.

Hadde Jan den name van zyne voorouders bewaard en Jan van serckel blyven Leeten, misschien en hadde Mevrouwe nooit Jean Lafleur gezeid tegen hem.

Maer intusschentyd moet er ievers een Surckel, in 't Franch een Sercus, of eeu Sercu liggen, daar de voorouders van Jan Lafleur vandaan zyn gekomen.

Waar mag dat zyn?

Gezocht en herzocht, ouder audere in *Dictionnaire Géographique... de la France*

M. STERCKEMAN

Trésorier de la Fabrique de l'Église

de l'Algérie et des Colonies... par Adolphe Joanne à Paris, Hachette 1872, en daar gevonden, of bladzyde 2097, het volgende.

« Sercus, 516 inwoonders, 68 huizen, 10. 000 meters van Haesebroucke, 50. 000 meters van Ryssel. In denkerktorre, twee vlaamsche rymreken van 't jaar 1583. »

« — Een knipperlingske om naar Haesebroucke, als 't je blieft, gaan en keeren.
— Ya !
— Hoevele is 't ?
— Zes fr. 36, en 't deugt voor drie dagen.
— Goed. »

Wy ryden *Wevelghem* voorby, ofte *Weveringhem*; *Menine* of *Meende*; *Wervike*, of *Wervicq*; *Comen* of *Comines*, daar ze waalseh spreken; *Houtheem* zoo de boeren, *Houthem* zoo de boeken zeggen; *Iper* of *Ipres*, en wy wachten daar nog al wat; *Vlamerdinghe*, nu *Vlamertinghe*, daar Cœsar zei : « *V'la Martin !* » 'k en weet niet meer waarom; *Poperinghe*, daar ze vroeger *Popelinge*

of *Popeline* woeven; *Den Abeele*, of *L'Abeele*
in t' franch ; *Godewaersvelde* of *Gosvalde*
zoo ze 't heeten, dieder geboren zyn; *Caës-*
tre of *Caester*, Borre, daar wij niet stille
en stonden ; en eindelinge *Hazebroucke* of
Waesebroucke daar wij al schuifelen en al
tieren, binnen vliegen, op het slag van klokke tiene, voor den middag.

— « Alwaar is 't naar Surkel, vriendschap.

— Naar Serc'l, m'nheere ?

Volgt den draad, tot aan de *post* ; gaat to-
en de sleuterstrate op, alsan rechtuit, tot datje aan de *Sterre* komt ; laat de *sterre* liggen
en slaat rechts in, en een honderd stappen
voorder of twee, slinks, zul-je d'n *kezzel* zien,
die rechte na' *Serkel* loopt. »

Inderdaat, « ge ziet d'n *kezzel*, » dat is
een smallen, witten rijweg, van effen geredene
kezzels of *kiezels*, en die *kezzel* loopt rechte
naar *Serkel.* Dat ondervindt ge, als ge tenden
komt en te *Serkel* zyt ; maar, langs de bane,
zoudt ge u, bij plekken, inbeelden, dat die
kezzel rechte in de wolken loopt ; en tenden

sommige kobben zoudt ge zeggen dat ge van varre de zee gaat zien. Ja, en als ge boven op de kobbe geraakt en dat ge moe gesteken en moe geschreden zijt, op dien krakenden en piependen *kezzel*, ge ziet daar toen, já, de zee ; te weten een zee van malsche groenigheid, van terwe, van boomen, van hooi, zooverre als ge kijken kunt ; en dat bijkans al zonder huizen of staken ; zegge, zonder menschen of beesten, bezonderijk zonder een enkel van die vervaarlijk en gevaarlijk loopende spouter-wielen ofte velo's.

De eerste herberge die wy voorbysteenden was :

A l'Ezelstap, débit de boissons.

Wy hadden geren nog voor den middag te *Serkel* gerocht, zoo wy stapten *A l'Ezel-tap...* voorby.

Kijkt, daar staat er nog eene herberge, en ginder, bachten die hoogte, steekt er een scherpe torre uit.

Inderdaad :

AU SCHAKSVELD, DÉBIT DE BOISSONS.

Zoo stond er nu op het uithangberd, en de torre, dien wy zagen uitkyken, was de torre van *Waalschapp'l, Wallon-Cappel* in 't fransch, een vlaamsch dorp, daar de eerweerde en zeer vriendelyke heer Beheydt, van Meteren, pastor is.

« — God vorder-je, vrouwe, is dat daar *Waalschcapp'l.*

— God loon'tje m'nheere, ja-het, dat is *Waalschcapp'l.*

— Hoe verre zyn we nog van *Serkel* ?

— Nog alzoo e' drie quaart, m'nheere, of daar omtrent : je ziet de torre daar voor je staan ; dien witachtachtigen steen'n torre da', tusschen al die boom'n.

— Danke, vrouw, goën dag !

— Goën dei, m'nheere, en God bewaar-je.»

t' En leed nu niet lange meer, of we waren de *Caneweele* voorby, nog een herberge met eenen geheemzinnigen name, en dan nog een nagelnieuwe afspanninge, de *zeswege* of les *six chemins*, en, met 't slaan van klokke twalve, uit ded ouden, achtkanten, scherpen, steenen torre van Serkel, vielen we tot den pastors in.

k'Late de lezers oordeelen of wy welle-komme waren by dien goeden vriend die onlangs nog geschreven hadde als volgt :

Serkel, by Haezebroucke, den 15 Maart 1898.

. . . .

zoo ik vergeten hebbe u daarvan te bedan-ken, het was met de eerbiedige hoop van u te ontvangen in myn pastorie voor eenige dagen. In Serkel hebben wy eene solen-neele negendagen, in het begin van Junij. Den predikheere zal een Haezebroecknaer zyn. Verschillige priesters zullen my komen bezoeken. Zou dezen tyd niet wel gekozen zyn, in dien zoeten tyd van 't jaar, wanneer de grazen en de vruchten, en

> Welige akkers, groene boomen,
> malsche weiden, dartel vee,
> nieuwe boter, zoete mee,
> klare bronnen, koele stroomen

het leven te lande aangenaam en deugdzaam maken ? Laat my eene gunstige antwoorde verwachten en wilt aanveerden van uwen ootmodigen dienaer. de getuigenisse van zyne diepe en levendige erkentenisse.

Vriendelyker, echt vlaamscher mensch als *Pastor Descamps* en kenne ik niet ; hy is van *Wormhout* op de pennebeke, en hy heeft eenen broeder, die pastor was te *Nieu-werleet*, fr. *Nieurlet*, by *Lederseele*, daar den *Yzer* uit de eerde spruit.

De zeer eerweerde heer René-Victor Wallaert en is geen van de eerweerde Broeders predicaren of wit en zwarte schiermo-niken van 's heiligen Dominicus genootschap neen-hy, hy is een oprechte predihheere, een eerweerde Heere en wereldlyke priester, die. naar Serkel gekomen was om er de *negen dagen* te prehen. Een *predicant*, zouden wy zeggen in ons belgenlandsch Vlaànderen, die gekomen was om de *novene* te preken ter eerevan den heiligen Raes of *Erasmus*, den vermaarden beschermheilige van *Serkel*.

Mynheere sente Raes, zoo men vroeger zei, moet ook entwat te zeggen hebben te te *Guleghem*, of *Godelingahem*, by Kortryk, want het is daar ommegang op zynen dag.

Tusschen de pastorie van Serkel, en den winkel aldaar, is er een splete die uitkomt op een wegelke, dwersdeur de tarwe, gaat dat wegelke op;

> Doet af uw mutse of hoed
> en bidt een weest gegroet.

in 't Onze Lieve Vrouwe cappelleke dat daar staat aan uwe rechter hand, met :

DE GEDACHTENISSE TER HEERE
VAN O. L. V. VAN TROOST

daar bovenop, gaat dan middens eenen vondel van twee groote bonken bergsteen, over de stille, met groen overgroeide *Steenbeke*, die van *Lynde*, fransch : *Le Til*, door de hooimeerschen van *Serkel*, naar de *Leye* loopt, en als gy hooge genoeg zyt, kijkt omme, en daar ziet gy, ten schoonsten dat gy kunt, den ouden, romaanschen torre van *Serkel* staan, die daar gebouwd wierd in de jaren 1100,

dat is in den tyd der oudvermaarde kruis-
vaarders.

Daar staat hy nu nog, die reuze, geheel
en gansch van witachtig grauw sint-Omaars
steen gebouwd, tot aan 't kruiske toe. Daar
staat hy en schynt te zeggen, in den name
van God, wiens eere hy verkondigt : Ik, ik
ben hier, spits oorloogen en rampen, spits
vervolgingen en valsche leeringen, spits al
dat er is, Heere en Baas gebleven, bi 't goede volk ed by de brave christene landstie-
lleden van Serkel.

Serckel wordt *Sekele, Serkele* gespeld, in
vroegere oorkonden ; en in een fransch stuk
van 1743 is het *Cercud* later *Cerque.*

Serkel ligt reengenoots met *Waalschcapp'l
Morbcke, Steenbeke, Boeseg6em, Blareghem,*
en *Lynde.*

Appelghem, *Ebblinghem* ligt wat verder.

Wat er in den geuzentyd te *Serkel* gebeurd
is, dat en wete ih niet, maar ik gisse, uit het
opschrift dat binnen in den torre staat, dat
de serkelnaars hun oud geloove getrouwig

gebleven zyn en dat zy den storm ongedeerd hebben zien voorby varen :

OM GODS WOORT
WORT GROOT DISCORT
ANNO 1583.

zoo beitelde een onbekend hand daarvan in den torre eene onduidelyke gedenkenisse.

In den franschen tyd hadden de eerweerde Heeren *Pieter-Joseph Oudoire* en *Jan Guldemond Bollaert,* herder en onderherder van *Serckel,* liever het land uitgevoerd te zyn als tegen hun geweten eedzweerders te worden.

De tegenwoordige herder van *Serckel* ziet zyn volk geeren en zyn volk hem.

« Nuze Pester hed eggrameald, » zeggen ze, en dat bediedt dat hy gemonkerd of gemonkeld heeft van tevredenheid. « Hy gramealde » bezonderlyk als hy al dat volk in zijn kerke zag en als hij hoorde zeggen, dat ze lijk in den hemel waren en dat ze liever « had « hadden, dat m'nheere de predikheere en heale maand prak als maar negen dagen. »

Ik heb oude moederkens zien wèenen van blijdschap, als ze, na meèr als 6o jaar, wederom mijnheere den predikheere een oud vlaamsch liedeken hoorden zingen, dat ze nog gehoord en nog zelve gezongen hadden, in hunnen jongeren tijd.

Maar de herder en de predikheere hebben, van heden morgen ten drien al, misse gedaan en biechte gehoord ; en, eer dat 't drie van den namiddag is, moeten ze weêr aan 't werk, tot tavond late.

't Is tijd dat wij opkramen.

Wy maken aan 't berd nog kennisse met den eerweerden heer *Van Grevelingen*, herder van *Lijnde*, daar dien eeuwenoude *linde* op het kerkhof staat. Wy vernemen dat de voorzaat van *pastoor Descamps* verre in de 8o jaar oud was, « als 'n storf » en dat hy, gelyk pastoor Kneip zaliger, « vele menschn genaas meê kolblen » (koolbladen) « en ongezouten butter,» dat hy een keer in zijn lang leven, de *steenbeke* hadde weten overstroomen, dat al 't hooi toen fartig «vort» was ; enz. en eindelyk bedankten wy die brave heeren, die ons praamden, eer wy voortgingen, om te beloven, dat wy dat, ten naasten jare gingen verdoen.

Van aan *Serkel* tot aan *Haesebroecke* lezen wij nu wêer, zoo op kerhdeuren als op scheurdeuren, overal aangeplakt : *Élections législatives du 8 Mars 1898. Candidat l'abbé J. Lemire, député sortant,* en iedereen is nog vol van dien mynheer Lemire, van Berchem *(Berquin,)* die toch « zoo vry kunde preken in 't vlaamschgje.»

Wy hadden algelyk nog eenen goeden voorval, mêeval, byval of toeval, als we niet verre meer van *Hasebroucke* en van onze belgenlandsche reiswagens meer en waren : wij achterhaalden daar immers een stokoud moederken, dat atkwam van *Waelschcapp'l.*

— Goen dag, vrouwke *!*

— De eere van ju'lder g'n dag te wenshen.

— Zyn we hier nog verre van den *ezelstap* ?

— Van wukken *ezelstap* ? Van de herberge den *ezelstap*. of van den *ezelstap* zelve ?.

— Van den *ezetstap* zelve, antwoort er een van ons op goe geschie.

— Enwel, zei dat vrouwke, al stillekens voorwaards paggelen, ik ben ik-ik van *Haesebroecke* van geboorte en 'ke me zuster gaan bezoeken, die niet wel bedegen en is te *Waalschcapp'l*. En als me kinders waren, vader zaliger zei dikkers egen mij en egen me zuster : La 's ellijdtje buiten de steê gaan wangelen. Ga' w e kee t't aan den *ezelstap*. En dat is, als je na *Waelschcapp'l* gaat, al d'n eerdeweg, je komt eerst aan 't *Hekelcasteel*. Maar eer datje aan 't *Hekelcassteel* zyt, homt-je up ekkruisstrate ; en up een van de hoeken van den knok, in 't kruissen van de twee straten, daar ligt er eggroote, groote zandsteen : dien grooten zandsteen heeten ze d'n *Ezelstap*, en dè herberge niet verre daarvan, heeten ze ook alzoo.

— En waarom heeten ze dien zandsteen den *Ezelstap* ?

— Ik en gelooven der nie' an, maar ze zeggen, Onze Lieve Vrouw en Sent Joseph, als ze naar Egypten moesten vluchten, met het Heilig Kindigjen Jesus, dat ze alhier voorby ekkomen zyn en dat 't ezeltje, daar Onze Lieve Vroume up zat, e stap up dien steen eddaan he't, en dat er sedert dien'en *ezelstap* in dien steen epprent staat.

— En staat er een *ezelstap* in dien steen gedrukt, vrouwke.

— Beget, be' ja-het, 't staat 'en *ezelstap* in dien steen epprent; en wil je gaan kijken je gaat 't zien. En bovendien, 'k he der wel honger' keers me voet in essteken. gelijk als ze 't altemale doen, en ja, kinders zijnde. En dat is al dat ih wete van d'n *Ezelstap.*

— Goen avond, vrouwke !

— God bemaar ju'lder, m'nheers !

En alzoo zijn wij aan 't einde van onze reize gekomen en aan de wete van 't gene het volk zegt nopens den Haesebrouch-schen *Ezelstap.*

VLAANDEREN

O landeken ! o zyt maar kleen :
Niet meerder zou 'k u geren;
En 'k zie u, — zulk eu is er geen—
En 'k zie u toch zoo geren !

Myn Vlaandren ! dat en moogt gy, noch
En zult gy nooit veranderen
Onleugenachtig heet gy nog :
«Het katholike Vlaandeien !»

En niewers in geen ander land,
Hoe vruchtbaar 't moge wezen,
Kan Jesus in zyn blinkend hand,
Meer hemelblomkes lezen.

Myn Vlaanderen spreekt zyn eigen taal,
God gaf elk land de zyne,
En laat ze ryk zyn, laat ze kaal :
Ze is vlaamsch en ze is de myne !

Guido GEZELLE.

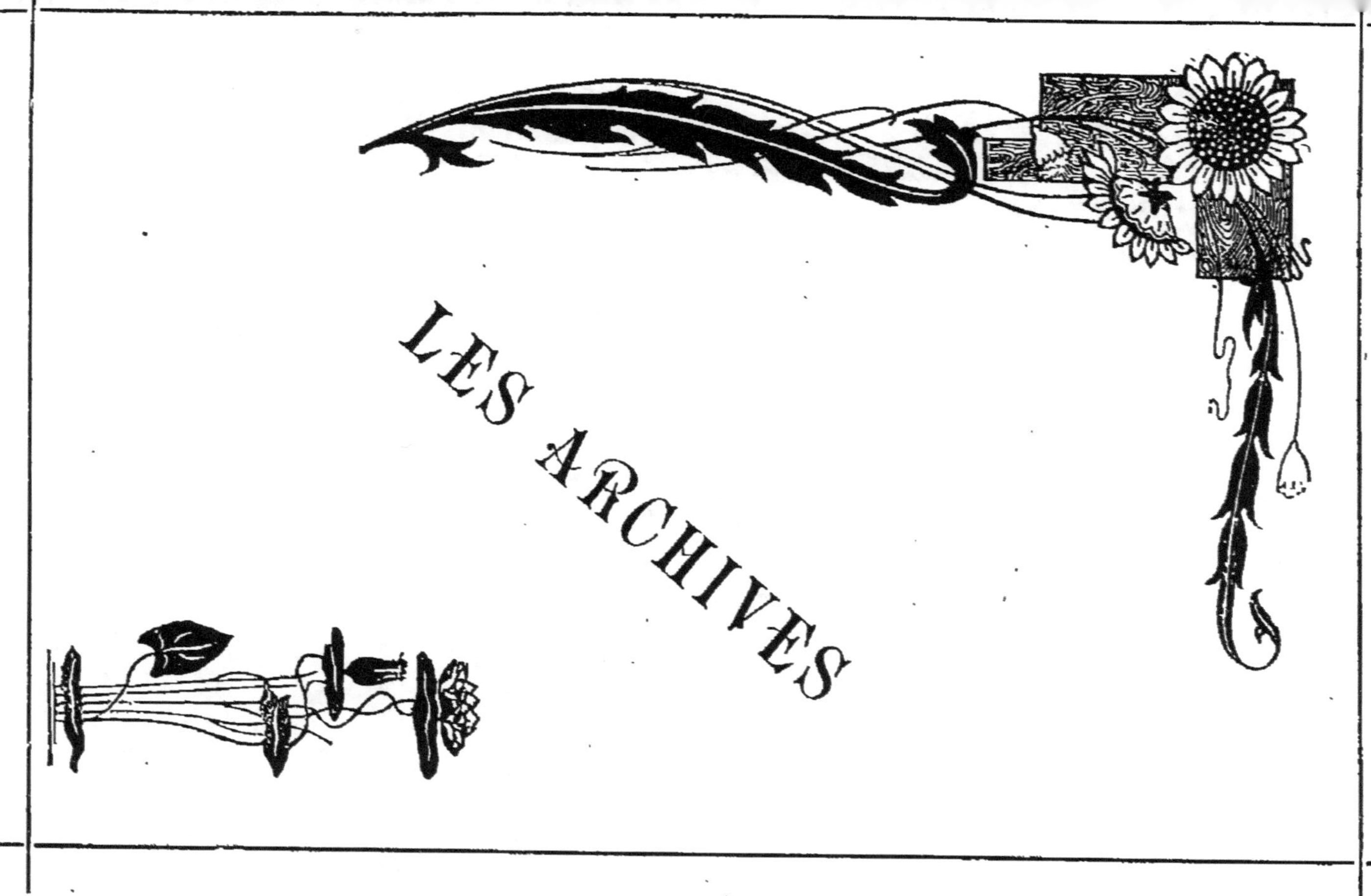

LES ARCHIVES

M. l'Abbé KIEKEN
Ancien Vicaire de Sercus

ARCHIVES PAROISSIALES

Un vieux coffre placé dans la tour de l'église renfermait une foule de papiers divers dans lesquels nous avons trouvé les pièces suivantes que nous avons classées comme il suit :

1. Les comptes de l'église et autres, des années 1606, 1607, 1620, 1621, 1624, 1625, 1648, 1649, 1676, 1677, 1695, 1743, 1744, 1771, 1773, 1774, 1780, 1781, 1784. Les comptes de 1784 sont complets, en bon état et très lisibles.

11. *Veranderinghe van lande* ou mutations

des terres des années 1672, 1697, 1701, 1714, 1721, 1713, 1773, 1781.

3. Les services paroissiaux de 1628 à 1720 et leur tarif.

4. Le terroir du presbytère vers 1600.

5. Le nom des gardes désignés par l'autorité civile pour veiller sur la sécurité de la commune, 1752.

6. Deux feuilles concernant la dévotion du Rosaire et du patron saint Érasme, datées de 1691. La seconde feuille est au presbytère ; elle a été trouvée et encadrée par Monsieur le chanoine Flahaut.

7. Une déclaration du Roi contenant les portions congrues, etc., 1690.

8. Les comptes d'une vente de Joaes Dierman à Lynde, 1720.

9. Les comptes paroissiaux de l'église et autres des années 1650, 1664, 1669, 1670, 1671, 1651, 1692, 1694, 1695, 1696, 1679, 1688, 1676, 1696, 1697, 1698, 1699, 1700, 1705, 1706, 1708, 1714, 1722, 1727, 1725. 1744, 1773.

10. Les pièces relatives à un procès soutenu par M. Cuvelier, curé de Sercus et doyen du district de Morbecque, à propos d'une difficulté survenue à l'occasion du tarif paroissial.

11. Les testaments de deux curés de Sercus : *a*) Celui de M. Cuvelier, fait le 16 Mars 1763. *b*) Celui de M. Petyt, signé le 26 Août 1724.

COPIE DE LA PIÈCE AUTHENTIQUE

par laquelle Monseigneur de Valbelle, Evêque de Saint-Omer en 1734, accordait des indulgences à la dévotion envers saint Erasme

Joseph Alphonse de Valbelle par la grâce de Dieu et du Saint-Siège apostolique, évêque de Saint-Omer sur la représentation qui nous a été faite de la part du sieur Jacque Cuvelier, curé de l'église paroissiale de Cercud de notre diocèse, qu'il se trouve

établie dans la ditte paroisse ce qui y attire
un grand concours de peuple dans de certains
jours de l'année, et le dit sieur Curé nous
ayant très humblement supplié de vouloir
bien accorder une indulgence de quarante
jours en cette occasion.

A ces causes, pour accroître de plus en
plus la dévotion envers saint Érasme patron
de l'église paroissiale de Cercud, et pour
satisfaire au vœu des fidèles qui y font des
pèlerinages, avons accordé et accordons par
ces présentes une indulgence de quarante
jours, *in formâ ecclisiæ assuetâ*, pour ceux
et celles qui avec les dispositions requises
nécessaires visiteront la, ditte église le jour
du saint Érasme et pendant la neuvaine et
en outre les mardy de Pasque de la Pente-
coste, et le jour des Saints Innocents.

Donné à Saint-Omer dans notre palais
épiscopal le neufvième jour d'Août, mil sept
cent trente-quatre.

J. S. DE VALBELLE, épisc. audom.

Par ordonnance de Monseigneur,
DEHENNE, secrétaire.

LA CONFRÉRIE DU ROSAIRE

à Sercus

MESSEIGNEURS,

Messeigneurs vicaires généraux du Siège épiscopal de Saint-Omer (vacant.)

Remontrant très humblement le pasteur bailly et échevins du village de Sercus en Flandres, disant que par les ruynes et misères des jours passés la dévotion audit Sercus aurait été grandement affaibly, pour les remettre, les suppliants ont jugé que le principal moyen serait pour augmenter la dévotion d'y établir la confrérie du saint Rosaire de la Sainte Vierge, afin que sur sa sainte protection et intercession, le peuple se puisse tant plus exercer aux actes de dévotions et reprendre une nouvelle zèle au culte divine et améliorations de vie au profyt des âmes : pour ce faire les suppliants trouvent nécessaire l'approbation de vous, révérendissimes seigneurs, à cette fin ils adressent à icelle.

Les priant d'humilité ped^te de vouloir avoir pour aggréable et confirmer l'institution de ladite confrérie du saint Rosaire en telle forme et manière que mesd. seig^ries trouveront convenables quoy faisant et^a.

> BOUDENOOT
> Antoine .HAY
> Jacob DE WAELE
> Antoinus Bernardus PETIT, pastor Sercus
> Charles LUFFAERT

Vu cette requête il est permis aux remontrants d'établir dans la paroisse de Sercus, la confrérie de Notre-Dame du Rosaire pour la plus grande dévotion des peuples.

Fait au vicariat le 21 de Septembre 1686.

> Par ordonnance
> † J. DE LANNOY.

TESTAMENT
de M. Petit, curé de Sercus,
26 Août 1724

(ORTHOGRAPHE DE L'ORIGINAL)

Au nom de la Très Sainte Trinité.

Comme il est arresté de Dieu que nous devons tous mourir et que cependant l'heure de la mort est incertain, c'est ce que, je soussigné Anthienne Bernard Petit, p^tre curé de Sercus, ne souhaitant d'être prévenu de la mort inteste me trouvant à présent incommodé de q. q. maladie, étant toutefois sain d'esprit et de libre volonté, comme je déclare par cette que j'ay voulu comme je veux déclarer par cette, par forme de testament ma dernière volonté et en la manière meilleure que ma volonté peut être éxécuté tenant pour inséré tacitement toutes les conditions et formalités à ce requises, que je proteste par cette de vouloir vivre et mourir dans la foi catholique apostolique et romaine, recommandant mon âme à la miséricorde de Dieu, sous les mérites de N.-S. J.-C lorsqu'elle sera décédée de mon corps par cette maladie ou autre à l'advenir et mon corps à la terre sainte de cette église, souhaitant d'être enterré à l'église par devant ma siège confessionnal. Le service sur corps avec une pierre d'enterrement nommé en langue thièse : *Zerksteen*, de valeur de douze livres de gros, avec les : sur le tombeau et six flambeaux porté par six pauvres lesquels vêtu chacun d'un couvert de drap blanc de six quartiers et on distribuera aux pauvres du lieu et autres qui assisteront, quatre razières de bled converti en pain si faire se peut ou en argent mesure d'Hazebrouck.

Item, J'ordonne d'avoir charge incontinent au soulagement de mon âme quatre cents messes de Requiem. *Item*, Je déclare donner *cinq quartiers de terre à labour situé dans le petit champ de l'église, alias ihet groote kerke gemet, venant par achat ou transfert de Joas Den Drael*, par acte du quatrième juin 1696. Signé Carvot et par acquit du 28 août 1694 signé Joas Van Strazeele, pr egidius velle depost, prior.

Joas Bap^ta depost mentionné au dit contrat et est à charge annuellement au jour du trépas du testateur, dont du revenu annuelle pour l'office du sieur curé profitera quatre livre monnaye de Flandre avec la charge de le recommander à chaque dimanche dans les prières dominicales. Le vicaire a douze patars, et le coustre de même, douze patars à charge de sonner au vigile de l'obit, et dans la célébration de l'obit, et le surplus sera au profit de la fabrique moyennant de livrer le cire. *Item*, Je déclare de donner 6 livres de gros pour former une couronne d'argent servant à la remonstrance du vénérable adoré en ce lieu. *Item*, Il déclare de donner deux cents florins servant pour l'achat d'un calice d'argent pour cette église. *Item*, Je déclare de donner huit livres de gros monnaye de

Flandre, outre les prétentions de son service rendu et outre la livraison d'une cotte et d'une coffette de double charpe noire à se avoir à Jeanne Cuppart la servante. *Item*, J'ordonne que tous les curés, vicaires et ecclésiastiques outre la réfection seront régalé de dix pots de vin et afin que cette ma volonté soit éxécutée selon sa forme et teneur je dénomme pour exécuteur testamentaire le S^r et M. Mathieu de Voole, curé et doyen de la chrétienté. Et le sieur Jean Liévin curé du tille, pour faire éxécuter tout ce que dessus, avec une réfection convenable à mon état comme ordinaire, obligeant à cet effet tous mes effets meubles et immeubles jusques au plain accomplissement sans l'honoraire reçu et raisonnable ce qu'il est accepté par le dits éxécuteurs au regard des points ci-dessus mentionnés. en confirmation et corroboration de cette même volonté. J'ai passé cet acte par devant le sieur et maitre de Voole, curé de Oosteenbecque et le sieur Anthime Coubronne, p^{tre} vicaire de Sercus, et Pierre Jacques de Creus, fils de Pierre chirurgien au tille, témoins à ce requis et expressément appelé. Lesquels ayant demandé s'ils scavaient écrire et lire, ils ont répondu qu'ouy et ont signé joinctement à moi curé de Sercus estant en plein jugement et libre volonté dans ma maison pastorale à Sercus ce vingt six août 1721 et étaient signés.

A. Petyt pasteur de Sercus. A. Coubronne vicaire p. j. de Sercus, *et plus bas,* Il est ainsi signé.

Mathieu de Voole curé de Steenbecque et doyen de la chrétienté de Morbecque et Sercus avecq paraphrases.

Collationné et trouvé concorder avecq son original témoin comme dépositaire du dit testament et était signé. J. H. de Jonghes curé de Steenbecque et doyen du district.

ÉTAT DES CHARGES
de la Municipalité de Sercus
pour l'entretien de ses pauvres, en l'année 1791

A repartir par sous et deniers pour livre additionnel en principal de chacune des contributions foncière et mobilière de la dite année.

Population générale de la paroisse de Sercus.   583

Nombre des pauvres   123

Pension des vieillards, vieilles femmes ou infirmes montant à   387

Des orphelins abandonnés par les pères et mères surchargés d'enfants.   213

Secours payés ou loyers de maison   635

Secours distribués en argent   497

Secours distribués en pain hebdomadaire. 292

____

1924, 25, 6

Revenu des biens de la pauvreté ou fondations.

Aumônes annuelles évaluées à   175, 8, 9

Reste à la charge de la communauté, pour l'entretien des pauvres en 1791.

1749, 6, 9.

Nous, Maire et Officiers municipaux de Sercus certifions l'état ci-dessus véritable.
Six Juin 1792.

SOCKEEL. Maire.

La statue de saint Erasme se trouvait autrefois placée au maître-autel. Nous en trouvons le témoignage dans une note des comptes de 1601.

Pastoor ende schepene der prochie van Zercle zynvereenst ende veraccordeert met Joannes Malfait meester beeldesnyder van zyne stille als dat hij hem verobligiert te maken en te snyden het beeld van den h. Erasmus mette Engels en de figuren volgens het model ten desen ghetoont waar op in conformitey- te dies notitie gehouden is, welk werk zal gehannexeert wezen aen den hooghen autaer, ter dezer parochiekerk... hy zal hebben ende proffyteeren vyf-en-twintig guldens.

Actum ten ordinairen wetdaeghe tot Zerkel, den twaelfsten october XVI een en 't negentig ons toir coude. Gheteekent : A. Petit, pastoor, Anthoine Lag 1691. W. Oudoire 1691, H. Vrammout 1691. Greffier Johannes Balby.

⁓⊙⊱⊰⊙⁓

Gy zult eer een karre met vlooien laën,
Als een vroumensch t' trouwen ontraen.

⁓⊙⊱⊰⊙⁓

Ne vent zonder baard,
is lyk hespe zonder mostaard.

VIE

de

SAINT ÉRASME

M. le Chanoine SALOMÉ

VIE DE SAINT ERASME

H. Erasmus is een dér veer-
tien heiligen die onder den ti-
tel van noodhelpers aenroe-
pen worden.

Saint Erasme est un des quatorze saints qui sont invoqués
sous le titre de secourables.
RIBADENEIRA.

L'Église célèbre la fête de saint Erasme
le 2 juin. Saint Erasme était évêque au temps
des empereurs Dioclétien et Maximien. Il

souffrit vaillamment pour la foi et fut tourmenté par des supplices cruels et raffinés. Dioclétien le fit dépouiller de ses vêtements et flageller avec des lanières garnies de plomb. Il lui fit ensuite briser les os à coups de bâtons noueux. Voyant que par aucune cruauté il ne pouvait réussir à vaincre sa volonté et à lui faire abjurer la foi de Jésus-Christ, il le fit plonger dans une immense chaudière remplie de poix fondue, de souffre, d'huile et de cire embrasés. Par la volonté de Dieu, rien de tout cela ne lui causa aucune douleur. A cette vue, une foule nombreuse abandonna l'idolâtrie, se convertit et embrassa notre sainte croyance. L'empereur irrité, le fit alors charger de chaînes de fer et enfermer dans une sombre prison. Personne, sous peine de mort, ne pouvait lui donner ni boisson, ni nourriture. Mais au milieu de la nuit, le saint en prière aperçut une lumière mystérieuse, qui remplissait sa prison d'un parfum délicieux, et bientôt un ange vint délier ses chaînes, en disant : « Erasme, levez-vous, et venez avec moi, car il faut que vous convertissiez beaucoup d'âmes au Seigneur. »

L'ange conduisit Erasme dans un endroit nommé Lucrinum dans la terre d'Apulie, au royaume de Naples. De nombreux miracles furent opérés dans cette contrée, par l'intercession du serviteur de Dieu. D'innombrables infidèles abandonnèrent les ténèbres de leur ignorance pour ouvrir les yeux à la lumière du saint Évangile et entrer dans le bercail de la sainte Église.

Le renom de saint Erasme se répandit par tout le pays, et lorsque Maximien passa dans cette contrée, il entendit parler des miracles de l'illustre thaumaturge. Il le fit paraître devant lui et lui demanda quelle foi il professait. Le saint éleva les yeux vers le ciel comme pour implorer l'assistance divine et y chercher sa réponse.

Le tyran l'interrompit. Il le fit frapper au visage et lui dit : Voyez ce que vous avez à faire et sacrifiez aux dieux.

Aussitôt il donna ordre de lui appliquer

sur la chair nue, une cuirasse rougie au feu.
Mais la cuirasse embrasée ne le blessa point
et n'imprima sur son corps aucune trace dou-
loureuse. Irrité à cette vue, le tyran le fit
plonger dans un vase rempli de poix, de
plomb en fusion, d'huile bouillante. Mais
quelle vertu le feu peut-il avoir contre la volonté de Dieu ? Le saint champion du Christ
demeura longtemps dans ce bain affreux sans
subir la moindre atteinte, ni la plus légère
souffrance. A bout de ressources, le tyran le
renvoya en prison, afin de préparer de nouveaux supplices.

La nuit suivante, l'ange de Dieu vint de
nouveau lui délier ses chaînes et le conduisit
au bord de la mer. Là se trouvait une em-
barcation au moyen de laquelle l'ange le
transporta jusqu'à la ville de Formia, non loin
de Gaëte.

Dans cette contrée, saint Erasme conti-
nua sa vie apostolique, il éclaira les populations aveugles par ses exemples, ses prédications et ses miracles. Il ouvrit leurs yeux à
la lumière suprême de l'évangile.

Un jour, se trouvant en prière, il entendit une voix du ciel lui tenir ce langage :

« Erasme, mon fidèle serviteur, puisque vous avez combattu pour moi comme un vaillant soldat, venez recevoir la couronne. » A l'instant, il vit une couronne précieuse descendre du ciel. Il baissa la tête, et dit : Seigneur, recevez mon esprit. Et son âme, sous la forme d'une blanche colombe, s'envola vers son Créateur qui lui avait donné la force de lutter et l'avait si souvent délivré des supplices. Son corps fut déposé dans l'église de Formia et plus tard transporté à Gaëte, où il est encore honoré aujourd'hui.

Saint Benoît était très dévot à saint Erasme et lui fit bâtir deux églises : l'une à Rome, l'autre à Marseille.

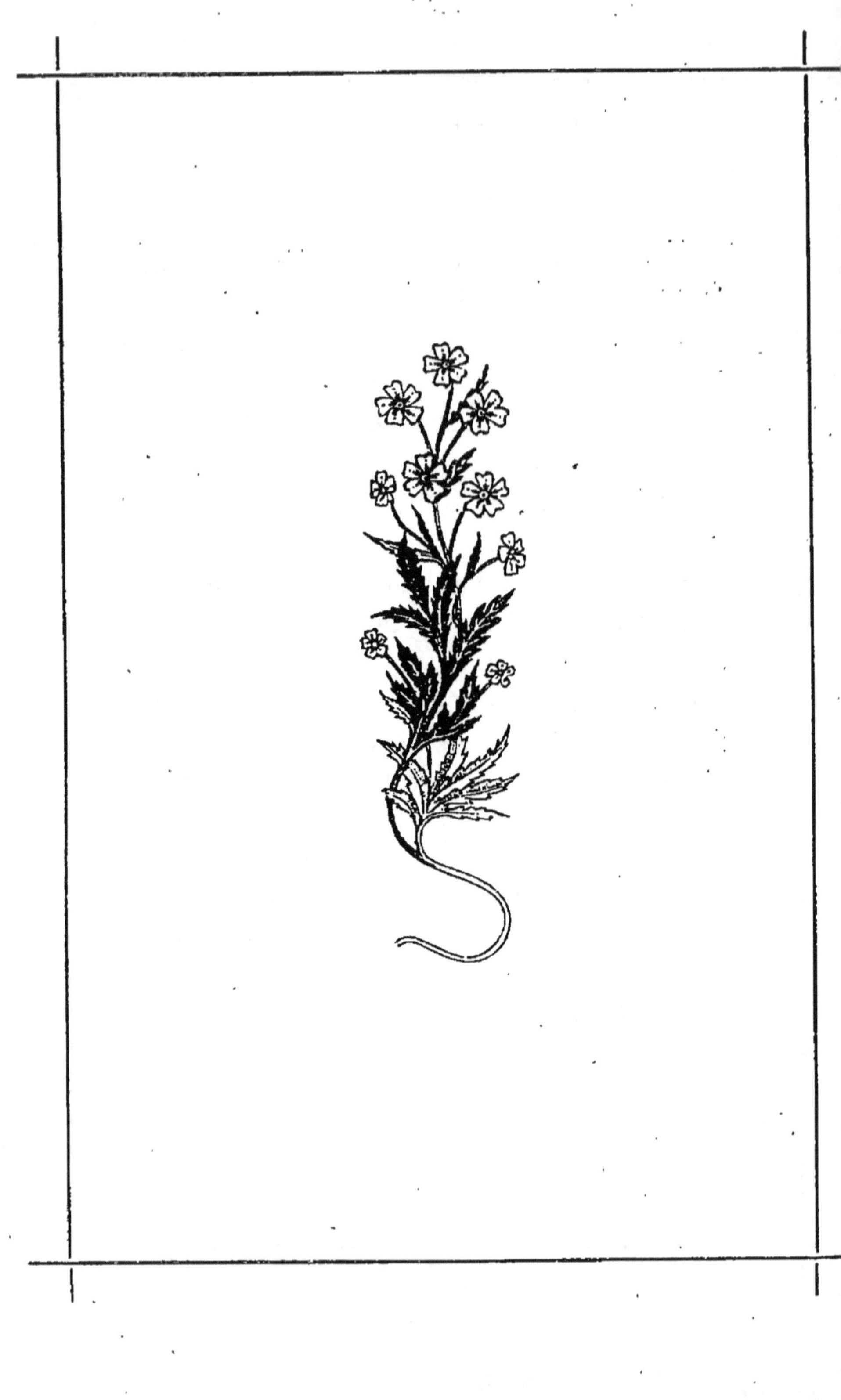

NEUVAINE

de

SAINT ÉRASME

NEUVAINE DE SAINT ERASME

A neuvaine en l'honneur de saint Erasme se célèbre à Sercus depuis des siècles, au commencement du mois de juin. Une pièce signée par Mgr Devalbelle, évêque de Saint-Omer, conservée au presbytère et encadrée par les soins de M. le chanoine Flahaut en fait foi. Nous donnons ailleurs la copie de ce document.

Depuis 1894, la neuvaine a pris une solennité nouvelle, et chaque année, elle a eu son prédicateur. De dignes apôtres sont venus publier les grandeurs de notre illustre patron, et nous ne savons ce qu'il faut louer davantage : l'éloquence et le dévouement de ces zélés missionnaires ou le pieux empressement du peuple à répondre à leur parole.

En 1894, M. Hantschootte, aujourd'hui curé à Renescure, alors missionnaire diocésain a jeté le premier coup de clairon pour attirer les foules à nos cérémonies de la neuvaine. Sa voix de tonnerre fut comme le *Lazare, veni foras*. Il ressuscita le culte de notre patron ; et ce culte ne doit plus s'assoupir.

En 1895, M. Hameaux, missionnaire apostolique aussi, aujourd'hui curé de Flêtre, presque enfant du pays, nous apporta tout son cœur et toutes ses forces. Son zèle doux et fort, ses accents harmonieux et persuasifs donnèrent de l'élan à la dévotion renaissante et entraînèrent les dernières hésitations.

En 1896, année du Jubilé, le R. P. Vermelle, de sa parole d'acier, enserra toutes les volontés. Son verbe nerveux, ses instructions nourries, sa doctrine sûre, captivèrent tous les esprits et firent une impression ineffaçable.

En 1897, M. Wallart, aujourd'hui curé
de Zegers-Cappel que nos paroissiens ont
naïvement, mais à bon droit, nommé le char-
meur, nous a donné toute la fleur de son
riche répertoire apostolique. Nous sommes
encore sous le charme de son *Weest gegroet*
flamand chanté par une voix d'ange et
accompagné par les doigts d'un artiste.

La neuvaine était réellement devenue
populaire. Aux cérémonies du soir, on comp-
tait jusqu'à trois cent cinquante personnes
assistant aux instructions et allant vénérer
les reliques du saint. Quand on songe que
la paroisse compte à peine cinq cents habitants, on comprend l'attachement de nos
pieuses populations à leur patron et leur empressement enthousiaste à suivre les exercices
de la neuvaine.

En 1898, il fallait fixer et déterminer les
limites de la neuvaine. Nous fîmes appel
au dévoûment du plus expérimenté et du plus
autorisé prédicateur de neuvaines du pays.
M. le chanoine Flahaut, hagiographe dis-

tingué de nos saints de. Flandre, chantre
déjà de saint Érasme à Lederzeele et à
Steene, daigna venir nous le faire mieux connaître et donner un caractère plus pratique
à son culte. Il nous apporta les litanies du
saint, il bénit l'eau de la fontaine, il fit ap-
précier la dévotion des petits cierges, il
bénit les petits enfants, etc... en un mot, il
classa la neuvaine.

En 1899, on désirait une mission. On
avait gardé un excellent souvenir de la mission précédente et l'on souhaitait un entraî-
nement supérieur à celui d'une neuvaine. La
population de Sercus, froide en apparence,
aime les grandes émotions, les choses extra-
ordinaires. Aussi les RR. PP. Marcant et
Dierman eurent-ils beau jeu pour secouer et
balancer leur sympathique auditoire. Pendant
quinze jours, ce fut une fête toujours variée
qui se termina par une adoration magnifique.
Une indisposition de M. le Curé fut le seul
nuage au beau ciel de cette mission.

En 1900, pour varier le tableau et continuer à attirer par les innocents appâts de la nouveauté ses paroissiens bien-aimés, M. le Curé fit apparaître dans la chaire de Sercus le beau et blanc manteau de saint Dominique.

Le R. P. De Busschère, Prieur de la maison des RR. PP. Dominicains d'Ostende vint en France, avec l'autorisation épiscopale, et pendant neuf jours, il nous montra que le cœur d'un apôtre ne connaît pas de frontières, et il nous donna généreusement sa vigoureuse éloquence et son zèle de feu.

En 1901, M. le chanoine Flahaut est revenu au milieu de nous. Il est revenu trop tard ; la première communion de N.-D. des Dunes l'ayant retenu à Dunkerque, nous ne le possédâmes que trois jours. Pendant les premiers jours de la neuvaine, saint Érasme inspira le pasteur de Sercus. M. le Curé parla du saint avec tant de cœur, que les paroissiens lui prêtant une éloquence supérieure à celle d'un missionnaire, vinrent en foule inconnue jusque lors, entendre la parole de Dieu et assister aux processions du Jubilé,

Désormais la population de Sercus semble de plus en plus attachée à sa neuvaine. Elle en est justement fière, depuis qu'elle a mérité de tous nos prédicateurs ce pieux aveu : « La neuvaine de Sercus est une des plus plus édifiantes que nous ayons prêchées ».

Puisse cette neuvaine conserver toujours son caractère de pieux enthousiasme et attirer à Sercus de nombreux pèlerins pour la sanctification des âmes et pour la gloire de Dieu par saint Érasme.

De mensch wikt,
Maar god schikt.

L'homme propose, Dieu dispose.

Uyt de reden,
Kent de zeden.

PRATIQUES DE DÉVOTION

envers saint Érasme

Lire et étudier sa vie.

Imiter sa fermeté dans la foi et son zèle dans l'apostolat auprès des âmes.

L'invoquer souvent, surtout dans son sanctuaire.

Mêler son nom aux prières du matin et du soir.

Mettre son nom sur les lèvres des petits enfants et leur apprendre à aimer et à louer saint Érasme.

Réciter de temps en temps ses belles litanies.

Lui faire la courte et pieuse invocation : saint Érasme, priez pour nous.

Faire une visite spéciale à son autel.

Y faire brûler un cierge en son honneur.

Faire une offrande pour son autel ou pour son église.

Chanter ses cantiques.

Assister à une messe en son honneur.

Faire dire ou chanter une messe à cette intention.

Porter avec respect la médaille si efficace de saint Érasme.

Se procurer de l'eau de la fontaine de saint Érasme et la faire bénir.

Sanctifier la neuvaine en assistant aux messes et aux saluts.

Se confesser, communier en l'honneur de saint Érasme.

Monseigneur Etienne-Marie-Alphonse **SONNOIS**

Archevêque de Cambrai

LITANIES

de

SAINT ERASME

Evêque et Martyr

SPÉCIALEMENT INVOQUÉ

contre les Coliques et les Maladies des Enfants

Seigneur, ayez pitié de nous.
Jésus-Christ, ayez pitié de nous.
Seigneur, ayez pitié de nous.
Jésus-Christ, écoutez-nous.
Jésus-Christ, exaucez-nous.
Père céleste qui êtes Dieu, ayez pitié de nous.
Dieu le Fils, Rédempteur du monde, ayez pitié
   de nous.
Esprit-Saint, qui êtes Dieu, ayez pitié de nous.
Trinité Sainte, qui êtes un seul Dieu, ayez pitié
   de nous.
Sainte Marie, Mère de Jésus, priez pour nous.
Sainte Marie, qui avez eu le cœur transpercé
   par un glaive de douleurs, priez pour nous.
Sainte Marie, consolatrice des affligés, priez
   pour nous.

SAINT ÉRASME

Serviteur de Jésus et de Marie, priez pour nous,

Qui avez vécu dans la solitude du mont Liban, et là avez prié le Seigneur pour la sainte Église alors cruellement persécutée,

Qui, en ce lieu avez fait de nombreux miracles,

Qui avez été honoré de la visite des saints Anges,

Qui avez été servi par les bêtes sauvages,

Qui avez été élu évêque d'Antioche, et là avez chassé les démons des corps des possédés,

Qui, par vos prédications, avez converti une grande multitude d'infidèles,

Qui, sous l'empereur Dioclétien, avez été soumis à des tortures spéciales,

Vous, qu'on a frappé cruellement avec des verges et des fouets garnis de plomb,

Qui, plongé dans une chaudière de poix, de souffre et de cire fondus, en êtes sorti sans brûlure,

Qu'on a chargé ensuite de chaînes et jeté dans un cachot, condamné à y mourir de faim. Puis, la nuit suivante, avez été délivré par un ange vous disant : « Erasme, lève-toi et viens, car tu dois encore convertir beaucoup d'âmes à Jésus-Christ. »

priez pour nous.

<table>
<tr><td rowspan="2">SAINT ERASME</td><td>

Qui ensuite, avez été conduit devant le tribunal de l'empereur Maximien, et là avez reçu des soufflets et subi la torture du fer rouge,

Qui, selon la tradition, avez été aussi tourmenté inhumainement dans vos entrailles par des bourreaux méchants et cruels,

Qui avez entendu une voix du ciel disant : « Erasme mon fidèle serviteur, puisque tu as combattu le bon combat pour moi, viens et reçois la couronne que j'ai préparé pour toi. »

Vous, dont l'âme, sous la forme d'une blanche colombe, s'est envolée vers son Créateur,

Dont le corps, enseveli d'abord à Formia, a été ensuite transporté à Gaëte,

Vous, à qui saint Benoît a dédié un nombre d'églises,

Patron de ceux qui souffrent et notre intercesseur près de Dieu,

</td><td>priez pour nous</td></tr>
</table>

Agneau de Dieu, qui effacez les péchés du monde, pardonnez-nous, Seigneur.

Agneau de Dieu, qui effacez les péchés du monde, exaucez-nous, Seigneur.

Agneau de Dieu, qui effacez les péchés du monde, ayez pitié de nous, Seigneur.

Seigneur, écoutez-nous.

Seigneur, exaucez-nous.

℣. Priez pour nous, saint Erasme
℟. Afin que nous puissions être soulagés dans nos douleurs.

PRIONS

Seigneur, par les mérites de votre saint martyr Erasme, délivrez-nous non seulement des maladies du corps, mais encore et surtout de ce qui peut souiller nos âmes, afin que, gardant ici-bas la santé spirituelle, nous puissions avec Lui vous glorifier après cette vie dans la bienheureuse immortalité : par Jésus-Christ Notre-Seigneur.

Ainsi soit-il.

Imprimi potest

Cameraci, 25 Januarii, 1889

C. J. DESTOMBES, vic. cap.

PRIÈRE

QUE FONT SOLENNELLEMENT

les Enfants de la Première Communion
auprès de la statue de Saint Érasme

Grand saint Érasme, vous êtes un des saints les plus secourables du Paradis, et le puissant protecteur de notre chère paroisse. Permettez aux enfants de la première communion de 19.., de venir se consacrer à vous et de vous faire leur prière. Votre protection s'étend sur nos familles et sur nos personnes. Vous veillez à la conservation de la foi et de la charité parmi nous. Patron de notre église, vous entretenez et excitez notre zèle pour la beauté de la maison de Dieu, et inspirez à chacun de faire pour elle des sacrifices généreux et spontanés. Saint Érasme, continuez-nous vos bienfaits. Accordez à toute la paroisse vos abondantes bénédictions. Obtenez de Dieu qu'elle reste toujours digne de son religieux passé. Que sa foi vive et que son amour pour votre autel la ren-

dent de plus en plus digne de vos faveurs!
Bénissez en particulier tous les bienfaiteurs
passés et futurs de cette église. Bénissez-nous
aussi, nous qui voulons rester toujours fidèles
à votre culte, et grandir dans l'amour et la
confiance que vous avez inspirés à nos parents
et à nos devanciers. Bénissez aussi nos parents,
nos maîtres et notre pasteur dévoué. Nous
vous jurons à jamais reconnaissance et fidélité.
Ainsi soit-il.

GEBEDEN

TOT DEN

HEILIGEN ERASMUS

BISCHOP-MARTELAAR

patroon tegen het kolijk

Heilige martelaar, Erasmus, die van wege
de vyanden van onze heilige religie, om de
beleidenis van het roomsch-katholyk geloof
verscheidene ook allerwreedste tormenten

kloekmoedig verdragen hebt ; bidt toch voor my, opdat het de goede God moge believen my van myne pynen te verlossen. Door uwe zoo machtige voorspraak, bekom my dat noöit de vyand of vervolger, naar ziele of lichaam, tegen my vermoge, en dat ik de kwalen welke de goddelyke voorzienigheid my mocht overzenden, met verduldigheid en verdienste verdragen.

Ik beveel u gansch myn leven en byzonderlyk myne laatste stonden ; opdat ik zuiver van zonden, en door de heilige sacramenten versterkt, gelyk gy eene zalige dood moge sterven. Amen

Bid voor ons, heilige Erasmus ;
Opdat wy van alle kwaad bevryd worden.

GEBED

O God, die byzonderlyk door de voorspraak van uwen heilgen martelaar Erasmus, de menschen van de pynen van het kolyk verlost hebt, wy bidden U dat Gy

door zyne verdiensten en krachtige gebeden
ons van deze en alle andere kwalen naar
ziele en lichaam bevryden willet, en ons tot
het eeuwig leven geleide, door Christus on-
zen Heer. Amen.

PRIÈRE

A

SAINT ÉRASME

ÉVÊQUE ET MARTYR

invoqué contre les coliques

Saint Érasme, martyr, vous qui avez en-
duré avec constance de nombreux et cruels
supplices de la part des ennemis de notre
sainte religion, pour confesser la foi catholique et romaine, priez pour moi, afin qu'il
plaise à Dieu de me délivrer de mes souffran-
ces. Par votre si puissante intercession, obtenez pour moi que jamais aucun ennemi,
aucun persécuteur ne prévaille contre mon

MARTYRE DE SAINT ERASME
D'après le tableau du Poussin au Vatican

corps ni contre mon âme. Faites que j'endure méritoirement et avec patience les douleurs que la divine Providence veut bien m'envoyer.

Je vous recommande toute ma vie et particulièrement mes derniers instants, afin que, purifié de mes péchés et fortifié par les saints sacrements, je puisse comme vous, mourir d'une sainte mort. Ainsi soit-il.

Priez pour nous, saint Érasme,

Afin que nous soyons préservés de tout mal.

PRIÈRE

O Dieu, qui par l'intercession de votre martyr saint Érasme, avez spécialement préservé les hommes des tourments de la colique, nous vous prions, par ses mérites et ses puissantes prières, de vouloir bien nous délivrer de ces douleurs, et de toutes les autres afflictions de corps et d'âme, et de nous conduire à la vie éternelle, par Jésus-Christ Notre-Seigneur. Ainsi soit-il.

CANTIQUE POPULAIRE
A
SAINT ERASME

Saint Érasme, ô bon père,
Notre patron puissant,
Ecoute ma prière
Veille sur tes enfants (*bir*).

Tu fus sur cette terre
De la foi bien longtemps
L'éloquent missionnaire
Veille sur tes enfants. (*ter*).

Tu souffris le martyre
Pour ton Dieu vaillamment,
Saintement que j'expire
Veille sur tes enfants. (*ter*).

Aujourd hui dans la gloire
Tu règnes triomphant,
Obtiens-nous la victoire :
Veille sur tes enfants. (*ter*).

Des saints auxiliaires
Au ciel plus influents
Tu reçois les lumières
Veille sur tes enfants. (*ter*).

Bénis cette neuvaine
Qui revient tous les ans
De grâces, rend la pleine
Veille sur tes enfants. (*ter*).

Porte notre prière
Aux pieds du Tout-Puissant
Pour qu'elle lui soi chère
Veille sur tes enfants. (*ter*).

Accepte ce cantique
Que nous chantons souvent
En concert angélique
Veille sur tes enfants. (*ter*).

Sur toute la paroisse
Etends tes soins touchants
Ecarte toute angoisse
Veille sur tes enfants. (*ter*).

Nous voulons pour te plaire
Sanctifier tous nos ans
Que la foi nous éclaire
Veille sur tes enfants. (*ter*).

Que durant notre vie	De divine allégresse
Ton culte aille croissant	Avec toi jouissant
Jusqu'au ciel, la patrie	Nous chanterons sans cesse
Veille sur tes enfants. *(ter)*.	Veille sur tes enfants. *(ter)*.

SAINT ÉRASME, PRIEZ POUR NOUS

Paroles. de X***   Musique de M. l'Abbé DESCAMPS

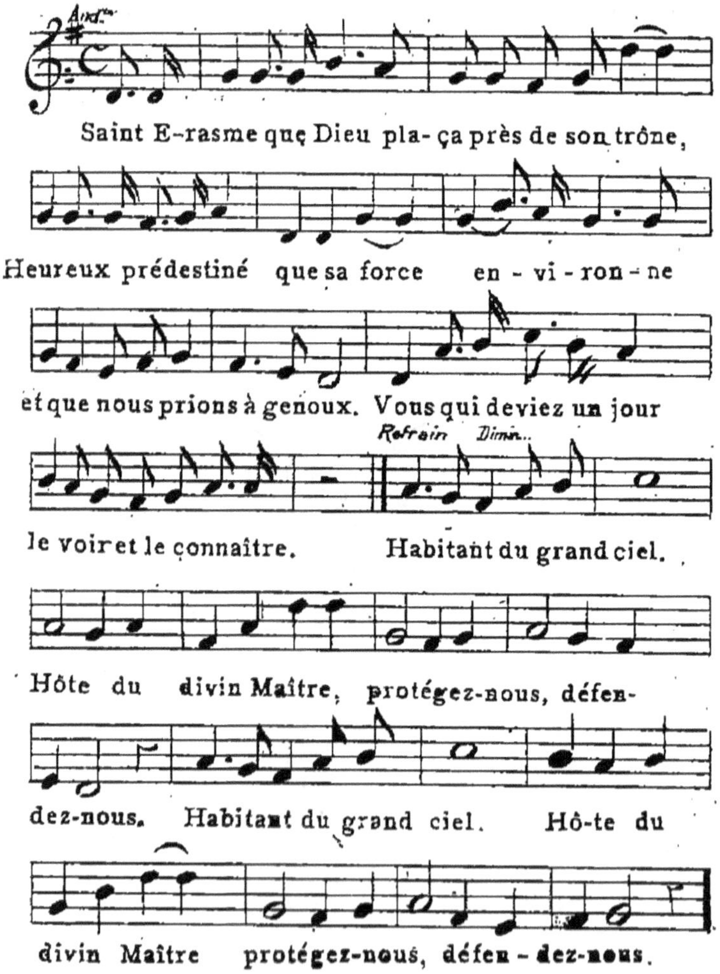

Ouvrez-vous, cieux des cieux, portiques sans limites,
Royaumes étoilés dont la voûte palpite
Au bruit de concerts éclatants,
Célébrez avec nous l'un de vos habitants.

Autrefois, ici-bas, quelle angoisse subie !
Pour atteindre à ce but qu'il paya de sa vie
Et que cherchaient ses yeux mourants,
Elevés vers le ciel, tristes et suppliants.

Il a vécu pourtant. Là-haut, loin de l'abîme,
Il recueille le fruit de son labeur sublime
Dans des séjours délicieux,
A jamais possesseur du royaume des cieux.

Il triomphe là-haut, il triomphe sans crainte ;
L'air impur d'ici-bas ne porte plus atteinte
A son rêve de chaque jour.
Pour lui, rien n'interrompt l'extase de l'amour.

Veillez sur nous. Daignez du haut de votre sphère
Regarder un moment la terrestre poussière.
Rendez notre chemin plus beau,
Faites luire une flamme à notre humble tombeau.

CONCLUSION

Ceux qui ont parcouru les pages trop éparses de notre *livre d'or* de Sercus reconnaîtront avec satisfaction ce que peut réaliser de progrès matériel et spirituel un petit peuple uni pour garder sa foi, sa dignité religieuse, et son renom de piété.

Désormais, nous ne serons pas seuls à lui témoigner nos félicitations, notre gratitude, nos encouragements et nos espérances pour l'avenir.

Nous aurions pu semer mille fleurs riches et parfumées au milieu de notre travail, si nous avions voulu peindre la suavité du climat de Sercus, le pittoresque de ses sites, les senteurs de ses prairies, les joies naïves de ses habitants, les mœurs patriarcales des anciennes familles, la candeur de leur caractère, leur fidélité tenace aux anciennes coutumes, etc... Un poète naîtra sans doute pour chanter tout cela. Notre but n'a pas été de charmer. Nous avons essayé d'édifier.

Soli Deo honor et gloria!

TABLE DES MATIÈRES

Dédicace, Avis 5
Historique de la paroisse de Sercus. . . 19
La Tour et l'Église de Sercus 37
La Sacristie 73
Le Presbytère 85
Les Paroissiens 99
Les Confréries 147
Pièces diverses 171
Un Fête religieuse à Sercus 185
Guido Gezelle à Sercus 205
Archives 223
Vie de saint Érasme 239
Neuvaine de saint Érasme 247
Conclusion 270

LILLE.— IMP. DE L'ORPHELINAT DE DON BOSCO